TOPPER बनने का आसान तरीका

अमरेश भारती

इनविन्सेबल पब्लिशर्स

भारत में वर्ष 2019 को सबसे पहली बार प्रकाशित

ISBN: 978-93-88333-61-0

इनविन्सेबल पब्लिशर्स

201A, SAS Tower, Sector 38, Gurgaon-122003

Printed in India by Excel Printers Pvt. Ltd.

विषय सूची

बोर्ड में आंसर कैसे लिखे	1
एग्ज़ाम डेज में स्ट्रेस्ड रहना	9
एग्ज़ाम से पहले नींद न आने की वजह और बचने के टिप्स	18
सेल्फ एनालिसिस	23
कंसंट्रेशन	27
टोपर बनने के तरीके	33
टॉपर की कुछ आदतें	44
कुछ चीज़े जिनसे स्टूडेंट्स को बचना चाहिए	50
मार्कस कम क्यूँ आते हैं	59
टाइम टेबल बनाने का बेस्ट तरीका	67
एग्ज़ाम टाइम टेबल	72
लव लाइफ	78
गाइडलाइन्स फॉर पेरेंट्स	94
वो १० चीजें जो सक्सेसफुल लोग कभी नहीं करते	99
टाइम मैनेजमेंट	102
इम्पोर्टेंस ऑफ़ पाजिटिविटी इन स्टूडेंट लाइफ	105
इम्पोर्टेंस ऑफ़ हेल्थी ईटिंग ड्यूरिंग एग्जाम्स	108

हाउ टू गेन कॉन्फिडेंस इन एग्ज़ाम	112
बुरी संगत	117
जरुरी एप्स फॉर बोर्ड स्टूडेंट्स	121
मोटिवेशन स्टोरी एंड कोट्स	129
अब तक के बेस्ट मोटिवेशनल कोट्स	136
मोटिवेशन कोट्स	147
कोट्स फॉर बुक	150
अ मेसेज फ्रॉम पेरेंट्स	154

बोर्ड में आंसर कैसे लिखे

एग्ज़ाम में लिखना भी एक कला है जो हर बच्चा नहीं कर सकता, भले ही वो बच्चा जनरली बहुत इंटेलीजेंट हो सकता है, उसे बहुत नॉलेज हो सकती है लेकिन अगर वो अपने आंसर को ठीक से प्रेजेंट नहीं कर पाता तो उसे कम नंबर ही मिलेंगे, आंसर कैसे लिखना है इसके कुछ टिप्स हैं जिससे आप ज़रूर अच्छे मार्क्स गेन कर पाएंगे:

1. शुरुआत के 15 मिनट का सही उपयोग

ऑलमोस्ट हर स्कूल बोर्ड में यह कांसेप्ट है कि बच्चो को पेपर शुरू होने से पहले,15 मिनट का एक्स्ट्रा टाइम दिया जायेगा जिसमे स्टूडेंट्स को क्वेश्चन पेपर को पढ़ने और समझने का मौका मिल जाता है। यह 15 मिनट आपके आगे के 3 घंटो को किस तरीके से यूटिलाइज करना है वो सोचने का भी मौका देंगे। इसलिए आपको इस टाइम पीरियड को बहुत समझदारी से यूज़ करना है। आपको इन 15 मिनट में यह प्लान कर लेना है कि आपको कौन सा क्वेश्चन पहले करना है, किस क्वेश्चन में क्या लिखना है, किस सेक्शन को पहले एटेम्पट करना है यह सब

की एक क्लियर पिक्चर बन जानी चाहिए जिससे आपको आगे यह सब सोचने में टाइम बर्बाद न करना पड़े।

2. प्रायोरिटी सेट करना

आप एक्स्ट्रा 15 मिनट में पूरा पेपर अच्छे से पढ़ चुके हैं, आपको यह भी पता चल चूका है कि आपको कितना पेपर आता है कितना नहीं, कौन से सवाल मुश्किल है, किसमे ज़्यादा टाइम लगेगा, किसमे ज़्यादा मार्क्स स्कोर करने का स्कोप है। तो अब आपको यह डिसाइड करना है कि आपको किस क्वेश्चन में पूरा कॉन्फिडेंस है जो आपको लगता है कि इसमें तो पूरे पूरे मार्क्स मिल सकते हैं। तो ऐसे क्वेश्चंस की लिस्ट बना लीजिये और वन बाय वन उन्हीं क्वेश्चंस को पहले पूरा कीजिये। एग्ज़ाम में आपका जो भी चेकर होता है उसको अपने पेपर से इम्प्रेस करना होता है इसलिए आप सबसे पहले बिलकुल श्योरिटी वाले आंसर्स लिखिए जिससे आपके चेकर के माइंड में यह इमेज बन जाये कि लिखने वाला एक इंटेलीजेंट स्टूडेंट है और चेकर्स उसी हिसाब से आपको मार्क्स देते है। जो क्वेश्चंस आपको सबसे कम आते हैं या आते ही नहीं हैं उन्हें सबसे लास्ट में लिखिए।

3. लिमिटेड और रिलेवेंट आंसर्स

हर क्वेश्चन को ध्यान से पढ़िए और उसके मार्किंग स्कीम को साथ समझिये क्वेश्चन पेपर के सबसे पहले पेज पे आपको

आंसर करने का तरीका बताया गया है कि आपको कौन से सेक्शन में शार्ट आंसर्स लिखने है, किन में सिर्फ एक वर्ड और किन में पूरा डिस्क्रिप्शन के साथ लिखना है| आपको साथ ही साथ आंसर की वर्ड लिमिट भी दिख जाएगी कि इस सेक्शन के सभी आंसर्स आपको इतने वर्ड्स के अंदर अंदर ही लिखने हैं, तो ज़रूरी नहीं होता कि आपको हर आंसर को कहानी की तरह बहुत सारे पैराग्राफ्स में लिखना होता है, जितना आपको उस क्वेश्चन में पूछा गया है आपको सिर्फ उतना ही बताना है। आपको यह समझना पड़ेगा कि कम लिखने के आपके मार्क्स ज़रूर कटते हैं लेकिन ज़्यादा लिखने के कोई एक्स्ट्रा मार्क्स नहीं मिलते। इसलिए पॉइंट टू पॉइंट आंसर दीजिये, चेकर को कहानी पढ़ना अच्छा नहीं लगता उसे बस सही आंसर चाहिए और वो आपको नंबर दे देगा। ऐसा करने से आपको सही मार्क्स मिलेंगे और आपका टाइम भी बचेगा इसलिए यह एक बहुत इम्पोर्टेन्ट चीज़ है।

4. क्वेश्चन को समझदारी से समझना

आपने देखा होगा कि कुछ क्वेश्चन ऐसे होते हैं जिनमे आपको चॉइस दी होती है। एक क्वेश्चन लिखा होता है, उसके बाद "OR / या" लिखा होता है जिसका मतलब होता है कि आपको दो क्वेश्चन में से किसी एक क्वेश्चन का आंसर देना है। बच्चो के लिए यह बहुत बड़ी ख़ुशी और अपॉर्चुनिटी होती है कि उन्हें एक

चॉइस मिली है, अब ऐसे में आपको एक चीज़ का ध्यान रखना बहुत ज़रूरी है कि आपको कौन सा क्वेश्चन ज़्यादा अच्छे से आता है, क्योंकि मोस्टली ऐसा होता है कि हम एक क्वेश्चन चूज़ करके आंसर लिखना शुरू कर देते हैं और फिर बीच में लगता है कि अब तो कुछ समझ ही नहीं आ रहा कि आगे क्या लिखना है। फिर हम सोचते हैं कि गलती कर दी दूसरे वाला आंसर लिखना चाहिए था, अब उसमे एक तो आपका टाइम वेस्ट हुआ और आपको अब पहले वाला क्वेश्चन भी काटना पड़ेगा जो आपकी शीट कि प्रेजेंटेशन को काफी ख़राब कर देगा। इसलिए आप जिस टाइम यह चूज़ कर रहे होते हैं कि कौन सा आंसर लिखना है तभी उसके बारे में अच्छे से सोच लेना चाहिए और अपने माइंड में पॉइंट्स याद कर लो कि आप इसमें क्या क्या लिख सकते हो, जिस आंसर में लिखने के लिए आपके पास ज़्यादा कंटेंट है उसी क्वेश्चन को चूज़ करो।

5. सारे क्वेश्चंस एटेम्पट करें

देखिये आपको सब लोग कहते होंगे आपके टीचर्स भी और आपके पेरेंट्स भी कि पूरा पेपर करना कुछ छोड़ के मत आना, और आप मन में सोचते होंगे कि जो आता ही नहीं होगा वो कैसे लिख आऊं। आपको पता ही है कि बोर्ड एग्ज़ाम में कोई भी नेगेटिव मार्किंग नहीं होती, तो इसलिए आपके गलत आंसर के कोई नंबर नहीं कटने वाले इसलिए जब लास्ट में वो क्वश्चन

बच जाते हैं जो आपको ज़्यादा अच्छे से नहीं आते या फिर कम आते हैं तो आप उनमे कुछ भी लिख दीजिये जो आपको लगता हो कि क्वेश्चन से 1% भी रिलेट करता है, गलत हुआ तो गलत सही लेकिन अगर सही हुआ तो आपको वो नंबर मिल जायेंगे जो आपने सोचे भी नहीं होगें। बहुत बार ऐसा होता है कि तुक्के से किसी क्वेश्चन के मार्क्स मिले। क्वेश्चन को छोड़ के आने का कोई तुक नहीं है क्योंकि न आप चेकर को जानते हो न वो आपको जानता है, अगर आपने कुछ गलत लिखा होगा तो वो ज़्यादा से ज़्यादा हसेगा ही, कोई फर्क नहीं पड़ता। हर क्वेश्चन का आंसर लिख के आइये क्या पता किस आंसर के नंबर मिल जाएं।

6. आंसर शीट को सजाइये नहीं

कई स्टूडेंट्स को आदत होती है कि वे पेपर को बहुत ज़्यादा सजा देते हैं, साइड में डिजाईन बना देते हैं या पूरे पेपर को रंग बिरंगा कर देते है, हो सकता है कि आप ऐसा न करते हो, लेकिन आपका कोई न कोई दोस्त ऐसा ज़रूर होगा जो ऐसा करता होगा। कुछ बच्चे पेपर में लाल, पीले, नीले अलग-अलग कलर्स के पेंस, हाइलाइटर्स, और कलर्स का यूज़ करते हैं, मैं आपको बता दूं कि यह सब करने से आपको कोई एक्स्ट्रा नंबर नहीं मिलने वाले, आप पेपर को जितना सिंपल रखेंगे उतनी आसानी से एग्ज़ाम चेकर उसे पढ़ पायेगा। आपको पेपर में ब्लू

और ब्लैक इन दो पेन के अलावा किसी पेन का यूज़ नहीं करना है। अगर आपको डायग्राम्स बनाने हैं तो उन्हें पेंसिल से बनाइये ताकि अगर आपको ज़रूरत पढ़ती है तो आप उसे मिटा के दोबारा ठीक कर सके। आप जितना अपने पेपर को सिंपल रखेंगे उतना ज़्यादा आपको लिखने का टाइम मिलेगा।

7. वर्ड्स के बीच में प्रॉपर स्पेस ज़रूर दें

आप जब एग्ज़ाम में लिखते हैं तो शुरुआत में आप बहुत सुन्दर-सुन्दर लिखना शुरू करते हैं और जब आप आगे बढते जाते हैं तो टाइम भी निकलता जाता है फिर आपको जल्दी-जल्दी लिखना पड़ता है जिससे आपकी हैंडराइटिंग ख़राब हो जाती है। पहली बात, हैंडराइटिंग के कोई एक्स्ट्रा मार्क्स नहीं मिलते बस आप जो भी लिखते हो वो ऐसा होना चाहिए कि चेक करने वाले को समझ आ सके। दूसरी चीज़, हर वर्ड के बीच में प्रॉपर स्पेस देना बहुत ज़रूरी है अगर आप सबको साथ-साथ मिला के लिखेंगे तो चेकर को वो समझ नहीं आएगा, और पॉसिबल है कि वो आपको बहुत कम नंबर दे। इसलिए इस चीज़ कि प्रैक्टिस आप एग्ज़ाम के एक महीने पहले से ही स्टार्ट कर दें, आप लिख लिख के प्रैक्टिस करेंगे तो आपको याद भी अच्छे से हो जायेगा और एग्ज़ाम में लिखने की भी प्रैक्टिस हो जाएगी।

8. पैनिक न करें

ज़रूरी नहीं होता कि आपको हर सवाल का जवाब पता ही हो, इस दुनिया में कोई ऐसा इंसान नहीं है जिसे सब कुछ पता हो इसलिए आपको कोई ऐसा क्वेश्चन देख के जो आपको नहीं आता या फिर आपने उससे रिलेटेड कभी कुछ पढ़ा ही न हो तब भी, उसे देख कर घबराना नहीं है। अगर आपको कोई क्वेश्चन नहीं भी आता है तो उसे लास्ट के लिए बचा के रखो, कई बार ऐसा होता है कि आप ऐसे क्वेश्चन को देख के स्ट्रेस में आ जाते हो और उसके चक्कर में आप बाकि क्वेश्चन का भी फोकस खो देते हो, इसलिए जो नहीं आता उसे छोडो, मान लो उसके बारे में आपको बिलकुल भी आईडिया नहीं है तो छोड़ दो 2-3 -4 मार्क्स ही तो कट जायेंगे ज़्यादा से ज़्यादा लेकिन आप उसकी वजह से अपना बाकि पेपर ख़राब मत करो।

9. आंसर शीट चेक करना

बच्चो को ज़्यादातर अपना पेपर एग्जामिनर के हाथ में दे कर बाहर निकलने की बहुत जल्दी होती है और जब आप बाहर निकल जाते हो तो आपको याद आता है कि अरे ये छूट गया वो छूट गया तो उससे बचने का एक ही तरीका है कि आंसर शीट हैंडओवर करने से पहले आप कम से कम उसे दो बार चेक कर लीजिये। उससे आपको आपकी जो भी छोटी-छोटी सिली मिस्टेक्स होंगी वो सभी पता चल जाएँगी और आप उनको

करेक्ट करके अपने मार्क्स बचा सकते हैं, कई बार आपको चेक करते हुए पता चलता है कि आपने कोई क्वेश्चन छोड़ दिया है या फिर आपने कोई आंसर आधा छोड़ दिया है जो आपने सोचा था कि लास्ट में पूरा करेंगे और बाकि के चक्कर में आप उन्हें भूल गए। तो अब आपको चांस मिल जायेगा कि आप उसको पूरा कर सकें। बोर्ड के पेपर में एक बहुत इम्पोर्टेन्ट चीज़ है डिटेल्स फिल करना तो इसलिए आपको यह भी टेली कर लेना है कि आपने अपने आंसर शीट पे रोल नंबर ज़रूर लिख लिया हो।

एग्ज़ाम डेज में स्ट्रेस्ड रहना

एग्ज़ाम डेज में स्ट्रेस्ड रहना आजकल के स्टूडेंट्स के लिए बहुत ही नार्मल बात हो गयी है, उसका रीज़न शायद यह है कि आज कल के बच्चे एग्ज़ाम्स या पढाई को उतना सीरियसली नहीं लेते या फिर एग्ज़ाम को अंडरएस्टिमेट कर लेते हैं, क्योंकि हमारी बॉलीवुड फिल्म्स वगैरह में यही दिखाते हैं कि लास्ट मोमेंट पढाई करो जो पहले से पढाई करता है वो पढ़ाकू होता है, और पढ़ाकू होना एक गाली के जैसा है। लेकिन ऐसा कुछ नहीं है, आपको पढाई न करने को अपनी शान नहीं समझना चाहिए।

एग्ज़ाम में स्ट्रेस होने के कुछ रीसंस हो सकते हैं, वो हैं:

- लो मोटिवेशन लेवल
- तयारी ठीक से न होना
- दूसरों से ज़्यादा एक्सपेक्ट करना
- कम्पटीशन

1. म्यूजिक सुनना

ज़िन्दगी में म्यूजिक बहुत इम्पोर्टेन्ट रोल प्ले करता है, क्योंकि यही चीज़ है जो, जब आप खुश होते हैं तो आपको नचाता है, दुखी होते हैं तो और रुला देता हैं। तो जब आप स्ट्रेस में होते हैं तब भी आप म्यूजिक सुन सकते हैं। एग्ज़ाम्स की तयारी करते-करते जब आप पढ़ के थक चुके हो तो आपके लिए यह सबसे बेहतर तरीका है कि कानो में कोई सूथिंग सा म्यूजिक चला के १०-१५ मिनट आँखें बंद कर के बैठ जाओ या लेट जाओ यकीन मानना आपको बहुत रिलैक्सेशन मिलेगा और जब आप दोबारा पढ़ना शुरू करोगे तो आपको बहुत रिफ्रेशिंग लगेगा। लेकिन हर चीज़ ज़रूरत से ज़्यादा करने से नुक्सान हो जाता है तो कहीं आप खुद को फ्रेश करने के चक्कर में अपना ज़्यादा टाइम मत वेस्ट कर देना यह सिर्फ थोड़ा स्ट्रेस रिलीज़ करने के लिए है।

2. अच्छे से पढाई करना

देखा जाये तो स्ट्रेस का सबसे मेन कारण यही होता है कि आपको अंदर से पता होता है कि आपकी तयारी पूरी नहीं है तो उससे बचने के लिए तो आप सिर्फ इतना ही कर सकते हैं कि जो जो चीज़े आपको नहीं आती हैं उनको अच्छे से प्रिपयेर कर लें। जैसे-जैसे आपका पेंडिंग सिलेबस कम होता जायेगा उसके साथ साथ आपका स्ट्रेस घटता जायेगा और आपका कॉन्फिडेंस

बढ़ता जायेगा। तो इसलिए स्ट्रेस दूर करने वाले किसी भी तरीके को अपनाने से पहले अच्छे से पढ़ ज़रूर लेना।

3. एक छोटी सी वॉक करें

लोगो को लगता है कि एग्ज़ाम के दिनों में आपको पढ़ने के अलावा और कुछ नहीं करना चाहिए, जब आप थोड़ा बहुत हट कर बाहर भी निकलो तो आपकी मम्मी कह देती होंगी कि पेपर के दिनों में कहाँ बाहर जा रहा है। तो ऐसा कुछ नहीं है कि आपके एग्ज़ाम्स हैं तो आपको किताबों के आगे बैठे रहना है और उसके अलावा और कुछ भी नहीं करना। अगर आप एक से दो घंटे लगातार पढ़ चुके हैं तो पांच से दस मिनट के लिए आप छत पे या किसी पार्क में वॉक करने के लिए जा सकते हैं। इससे आपके माइंड को बहुत ज़्यादा रिलैक्सेशन मिल जाएगी, और आप आगे पढ़ने के लिए बहुत फ्रेश फील करेंगे। यह साइंटिफिकली भी प्रूवेन है कि एक्सरसाइज करना या वाक करना आपकी मेमोरी और लर्निंग पावर को बढ़ा देता है।

4. अपनी पढाई का एक रूटीन बनाएं

यह कोई हैरानी की बात नहीं है कि अगर आपका कोई टाइम टेबल नहीं है तो आपकी तयारी की कोई डायरेक्शन नहीं रहेगी और अगर आप अंधाधुन्द कोई काम बिना एक रूटीन के करते

हैं तो वो आपको स्ट्रेस के अलावा और कुछ नहीं देगा। इस पॉइंट को मैं एक कहानी के माध्यम से आपको समझाना चाहूंगा-

एक गॉव में एक राजा था और उस राजा के पास एक हाथी का बच्चा था, राजा ने उस छोटे से हाथी कि देखभाल का ज़िम्मा एक प्रजा के आदमी को दिया हुआ था। वो आदमी रोज़ सोने से पहले हाथी के बच्चे के पैरो में ज़ंजीर दाल कर उसे खूंटे से बांधकर सोने जाता था, तो काफी समय ऐसे ही बीत ता रहा और हाथी का बच्चा बड़ा हो गया, जब हाथी काफी बड़ा हो गया तो एक दिन की बात है जब रात को वो आदमी हाथी को ज़ंजीर से बाँधने लगा तो उसने देखा कि ज़ंजीर कहीं खो गयी है, अब उसने सोचा कि अगर रात को हाथी भाग गया तो राजा जी मुझे जान से ही मार देंगे, क्योंकि वो हाथी उनको बहुत प्यारा था। तभी वो आदमी हाथी के पास गया जैसे रोज़ उसे बाँधा करता था शामे वैसी एक्टिविटी बिना ज़ंजीर के दोहरा दी। और उसके बाद वो सोने चला गया, जब वो सुबह उठ के आया तो उसने देखा कि हाथी वही का वही बैठा था, उसके पैरों में ज़ंजीर नहीं थी फिर भी वो नहीं भागा पता है क्यों? क्योंकि उसे रोज़ वहां बंधे रहने की आदत पड़ गयी थी और वो उसी रूटीन को दोहरा रहा था।

स्टूडेंट लाइफ में हम बहुत से टाइम टेबल्स बनाते हैं एक दिन-दो दिन फोलो करते हैं और भूल जाते हैं, किसी भी रूटीन को

रोज़ अपने डे टू डे लाइफ में लाने के लिए आपको उसे डेली प्रैक्टिस करना पड़ता है।

5. पर्याप्त नींद

नींद की इम्पोर्टेंस को हम बिलकुल भी अंडरएस्टिमेट नहीं कर सकते, नींद एक मात्र ऐसी एक्टिविटी है जिसमे हमे कोई भी मेहनत नहीं करनी पड़ती लेकिन फिर भी वो हमारे माइंड को एक रिलैक्सेशन दिलवाता है। स्टूडेंट लाइफ में इस्पेशलि नींद पूरी होना बहुत ज़रूरी है वो भी तब जब आपके बोर्ड्स चल रहे हो क्योंकि बोर्ड्स की प्रिपरेशन के टाइम पे ना तो आपको खाने-पीने का होश रहता है और न ही सोने का। सोने को तो मोस्टली स्टूडेंट्स इग्नोर ही करते हैं। बच्चे मोस्टली रात को ही पढ़ते हैं इसलिए उनकी नींद नहीं पूरी हो पाती और नींद पूरी न होना सर दर्द, डिप्रेशन, एंग्जायटी और अलग अलग तरह के स्ट्रेस को बढ़ावा देता है इसलिए अगर आप अपने पढ़ने के लिए ज़्यादा टाइम चाहते हो तो रात को जल्दी सो के सुबह जल्दी उठ जाओ ऐसे में आपको खाने पीने का भी पूरा ध्यान रखना होगा और कम से कम 6 घंटे की नींद लेनी बहुत ज़रूरी है।

6. **मन** की **शांति**

एक्साम्स के दौरान आपके दिमाग में हज़ारो बातें होती हैं, इतने सारे सब्जेक्ट्स प्रेपयर करने को होते हैं और भले ही कितना भी

इंटेलीजेंट बच्चा क्यों न हो उसे ऐसा लगता है कि मुझे सब आता है, या मुझे पढ़ने की कोई ज़रूरत नहीं है तो इन सारी चीज़ो में दिमाग बहुत उलझ जाता है। दिमाग से स्ट्रेस निकालने के लिए आपको मन की शांति की बहुत ज़रूरत है, उसके लिए आपको मैडिटेशन एक बहुत यूज़फुल टूल रहेगा इससे आपके मन का सारा स्ट्रेस निकल जायेगा। शुरुआत में ध्यान केंद्रित करना आपके लिए बहुत मुश्किल होगा लेकिन अगर आपने इसे मात्र एक हफ्ते के लिए अपना लिया तो आप खुद एडिक्टेड हो जाएंगे और आपको इससे इतनी शांति मिलेगी कि आप खुद इसे अपनाने लगेंगे। आपको करना क्या है कि बस दो से तीन मिनट तक शांत रहना है मन को भी शांत रखना है, मतलब आपको इस दौरान कुछ भी नहीं सोचना है।

7. बात करें

एग्ज़ाम टाइम में आपको बहुत सारी टेंशन्स होंगी जो आपको मन ही मन परेशान कर रही होगी, आपके पास इतने सारे सब्जेक्ट्स हैं, कोई चैप्टर आपको आता है कोई नहीं आता फिर उसके बाद कुछ आपकी पर्सनल प्रॉब्लम भी हो सकती हैं जो आपको परेशान करती हो और इन सब चीजों की वजह से आपके माइंड में काफी स्ट्रेस इकठ्ठा हो जायेगा तो ऐसे टाइम पे आपको एक दोस्त या कोई भी भाई, बहन, फैमिली मेंबर जिससे भी आप अपनी बातें शेयर करते हैं उनको ज़रूर बताएं की क्या बातें

है जो आपको परेशान करती हैं इससे आपका मन हल्का हो जाएगा और आप पढाई में फोकस कर पाएंगे।

आपको लाइफ को आराम से जीने के लिए थिंकिंग को सुधारना पड़ेगा। अगर आप उन लोगो में से हैं जो हमेशा नेगेटिव सोचते हैं तो आपको स्ट्रेस फ्री होना काफी ज़रूरी है।

पॉजिटिव थिंकिंग का महत्व

अगर आप ऐसा सोचते हैं कि पॉजिटिव थिंकिंग का मतलब सिर्फ हमेशा अपने आप को मोटिवेट रखना, नेगेटिव न सोचना, हमेशा लोगों के सामने मुस्कुराते रहना भले ही कितनी भी प्रॉब्लम क्यों न हो, किसी के सामने खुद को एक्सप्रेस नहीं होने देना, तो मुझे लागता है कि हम लोग शायद ऐसा गलत सोचते हैं क्योंकि आज के टाइम पे जहां पर इतनी सारी चीजें हमारे साथ जुडी रहती हैं, मैं मान के चलता हूँ आप एक स्टूडेंट हैं और आपके फैमिली की इनकम 10 हज़ार से ले कर 40 हज़ार के बीच में है। जब हम ऐसे परिवार से निकलते हैं तो पढाई के साथ साथ और उसके दौरान हमारे सामने कई सारे चल्लेंज़ेस आते हैं।

सबसे पहला चैलेंज तो यह कि मैं टोपर नहीं हूँ लेकिन मुझे भी कॉलेज जाना है पर मेरे पास इतने पैसे नहीं हैं। जहा पे मेरा दोस्त पढ़ रहा है उस ट्यूशन को मेरे एरिया का सबसे बेस्ट

ट्यूशन माना जाता है लेकिन मेरे पास उतने भी पैसे नहीं है कि मैं वहां पढ़ सकूं। आप १० क्लास में होते हुए भी हमेशा यह सोचते रहते हैं कि मेरे परिवार के पास इतना पैसा नहीं है कि मुझे शहर भेज के आगे पढ़ा सके। और यह बात में अपने एक्सपीरियंस से कह रहा हूँ, और जब शुरू में मैंने आपको फैमिली की इनकम के बारे में बताया तो उस इनकम में सिर्फ और सिर्फ हमारे पिताजी की ही इनकम है क्योंकि एक वो ही हैं जो कमाते हैं। यह कुछ ऐसी समस्या है जो हर स्टूडेंट की लाइफ में आती है लेकिन इसके बाद कुछ ऐसी चीज़े भी हैं जो हमारी इच्छाएं होती हैं और जो उम्र के साथ हर एक का पीछा करती हैं जैसे कि जब आप 16 की उम्र में आते हैं तो आपको एक लड़की पसंद आ जाती है, आप दिन भर उसकी याद में खोये रहते हैं और आपको अंदाज़ा भी नहीं लगता की आपके एग्ज़ाम्स आ गए और आपको उस पे भी ध्यान देना है। उसके बाद 17 की उम्र में आते हैं तो आपको दिखता है कि आपका दोस्त और बाकि क्लास के बच्चे सिग्रेटे कि बात कर रहे होते हैं, और बचपन से आपके माँ बाप ने आपको बताया है कि यह सब चीज़े ख़राब हैं इनसे दूर रहे। और उसी समय आपके टीचर एक लेक्चर में कहते हैं कि ज़िन्दगी को खुल के जियो और हर चीज़ को एक्सपीरियंस करो और उसकी आड़ में आप गलत आदतों को ख़ुशी ख़ुशी अपना लेते हैं।

आप लोग संजय दत्त को जानते होंगे और उनकी कहानी के बारे में भी जानते होंगे, वो खुद अपने बारे में बताते हैं कि दुनिया में कोई ऐसा नशा नहीं होगा जो मैंने नहीं किया। उनकी कहानी से पता चलता है कि नशा और गलत संगत ने उन्हें बर्बाद कर के रख दिया, उन पे देशद्रोह का इलज़ाम लग गया, उनके पिताजी इस सदमे में जी नहीं पाए और संजय दत्त आज तक इस चीज़ का पछतावा रखते हैं।

लेकिन आज उनकी लाइफ में उन चीज़ो की कोई जगह नहीं हैं जिनकी वजह से उन्होने बहुत कुछ सहा है। शायद आपको पता भी हो उन्होंने सुसाइड करने की भी कोशिश की थी लेकिन यह सब किसी भी तरीके के स्ट्रेस का सलूशन नहीं होता, परेशानियां तो हर बड़े से बड़े और छोटे से छोटे आदमी की लाइफ में आती है लेकिन आपकी थिंकिंग के ऊपर डिपेंड करता है कि आप उसे किस तरीके से झेलते हो, आप उससे खुद को कमज़ोर पड़ने देते हो या फिर और स्ट्रांग बन जाते हो।

एग्ज़ाम से पहले नींद न आने की वजह और बचने के टिप्स

नींद इन्सान की बॉडी की फंक्शनिंग में बहुत इम्पोर्टेन्ट रोले प्ले करती है, मोस्टली सभी को अपनी बॉडी और माइंड को रिलैक्स करने के लिए नींद की ज़रूरत होती है, इंसान का शरीर मशीन की तरह होता है जिसे हर टाइम पीरियड के बाद कुछ रेस्ट और रिपयेर की ज़रूरत पड़ जाती है। एक हेल्थी दिमाग और बॉडी के लिए एक प्रॉपर स्लीप साइकिल ज़रूरी होती है। नींद कम आने से आपकी बॉडी में अलग अलग तरीके की डिस्टर्बन्सेस हो जाती है।

आज कल ज़्यादातर स्टूडेंट्स इस प्रॉब्लम का सामना कर रहे हैं, ज़्यादातर स्टूडेंट्स अपनी नींद का टाइम पढ़ने के लिए घटा देते हैं लेकिन उससे उनकी लाइफ में आलस और अनकम्फर्टेबिलिटी आ जाती है। हर स्टूडेंट को अपने नींद का एक रूटीन बनाना ज़रूरी है:

1. एक सोने का और उठने का टाइम निर्धारित कर लें। उन लोगो जैसा मत बनें जिनका सोने का या उठने का के कोई टाइम नहीं होता। उन्हें जब जहा टाइम मिलता है सो जाते हैं, हर स्टूडेंट की लाइफ में तो एटलीस्ट सोने उठने का डीसिप्लिनंड रूटीन होना चाहिए।

2. दोपहर को सोना इग्नोर करें, अगर आप दोपहर को दो तीन घंटे सो जायेंगे तो आपको पूरी रात नींद नहीं आ पायेगी क्योंकि आपने अपना स्लीप रूटीन दिन में सो के ख़राब कर लिया है, न तो आप दिन में छः - सात घंटे सो सकते हो और न ही आप दिन में दो घंटे सोने के बाद रात को पूरी नींद सो सकते हो।

3. कभी भी सोने से चार पांच घंटे पहले चाय, कॉफ़ी या चॉकलेट का सेवन न करे क्योंकि इन चीज़ो में कैफीन की मात्रा बहुत ज़्यादा होती है जो आपको पूरी रात जगाएगी न तो आप उस टाइम को पढ़ने में यूटीलायिज़ कर पाओगे क्योंकि आप उस वक़्त अपने पूरे डेडिकेशन में नहीं होंगे। कैफीन आपको जगाता तो ज़रूर है पर आधा वक़्त आप थकावट महसूस करोगे, आपको आलस भी आएगा लेकिन जब आप सोने के लिए जाओगे तो आपको नींद नहीं आएगी।

4. रेगुलर एक्सरइसीज करने से भी आपको नींद आजायेगी क्योंकि एक्सरसाइज से आपकी बॉडी थोड़ी थकेगी और उससे

आपको खुद बा खुद नींद आ जाएगी, लेकिन यह ज़रूर ध्यान रखियेगा की आप सोने से बिलकुल पहले एक्सेरसाइज़ न करें।

नींद की इम्पोर्टेंस बताते हुए मैं आपको एक स्टोरी सुनाता हूँ जिससे आपको ये तो पता चलेगा ही कि नींद कितनी ज़रूरी है लेकिन यह भी पता चलेगा कि किसी पर भी आसानी से भरोसा नहीं करना चाहिए।

एक लड़का था जिसका नाम था शिवम्, वो 12th के एग्ज़ाम की तयारी कर रहा था। वो एक अच्छा स्टूडेंट था मतलब उसके हमेशा अच्छे नंबर आते थे और बोर्ड्स में वो और भी ज़्यादा केयरफुल हो गया था। पहला एग्ज़ाम था होशियार बच्चा ही क्यों न हो पहली बार बोर्ड देने का प्रेशर हर बच्चे को ही होता है।

उसकी पूरी तयारी हो गयी थी एग्ज़ाम वाली रात उसे अपने एक दोस्त का कॉल आया उसने उससे पूछा भाई कितना हो गया तो शिवम् ने बोला के यार मेरा तो सब हो गया बस अब सोने जा रहा हूँ। तो उसका दोस्त बोलता है कि तूने वो वाले सैंपल पेपर में से पढ़ा क्या तो शिवम् ने बोला नहीं मैंने तो बस एन.सी.आर.टी. से ही पढ़ा है तो उसका दोस्त उसे बोलता है कि अरे यार मुझे अभी मेरे ट्यूशन वाले सर ने बताया कि सारा पेपर इस सैंपल पेपर में से आने वाला है।

शिवम् घबरा गया बोला के यार मेरे पास तो वो सैंपल पेपर है ही नहीं और अब रात भी हो गयी है अब मैं कहा से लाऊंगा तो उसका दोस्त बोलता है कि चिंता मत कर मैंने उसमे से पढ़ लिया है मैं अपना सैंपल पेपर तेरे घर दे जाता हूँ शिवम् खुश हो गया। रात को 10 बजे शिवम् का दोस्त उसे सैंपल पेपर दे के गया और शिवम् ने वो पढ़ना शुरू किया कहा तो वो 9 बजे सोने वाला था और कहा उस सैंपल पेपर को सोल्व करते करते उसे दो बज गए, तब भी उसने सोचा कि पेपर इसमें से आना है तो पूरा पेपर सोल्व कर के ही सोऊंगा। ऐसे करते करते सुबह के चार बजे शिवम् ने उसे कम्पलीट किया फिर सोने गया और जब वो सोने के लिए लेटा तो करवटे लेता रहा लेकिन उसको नींद नहीं आयी।

ऐसे पेपर के बारे में वो सोचता ही रहा और कही 5 बजे जा के उसे नींद आयी और अब वो सोया, उसने 7 बजे का अलार्म लगाया था। उसने सोचा था कि वो 7 बजे उठ के आधा घंटा रिवीजन करेगा और फिर 8 बजे तक तैयार हो जाएगा, आधा घंटा पहले सेंटर पर भी पहुँच जाएगा।

लेकिन लेट सोने की वजह से उसकी नींद नहीं खुली, अलार्म बजने के बावजूद वो सोता रहा और जब वो उठा तो 8.30 बज चुके थे। वो भागता दौड़ता स्कूल के लिए निकला और 9: 30 बजे जा के स्कूल पहुंचा, उसके जिस दोस्त ने उसे सैंपल पेपर

दिया था वो दोस्त आराम से बैठ के अपना पेपर कर रहा था, शिवम् जा के बैठा और उसने हड़बड़ी में पेपर करना शुरू किया। उसका एक घंटा तो वेस्ट हो ही चुका था तब भी उसने जल्दी से पेपर करने की सोची लास्ट टाइम में उसका आधा पेपर बचा हुआ था, उसका 15 नंबर का पेपर तब भी छूट गया, और कमाल की बात यह है कि सारा पेपर एन.सी.आर.टी. में से ही था, दोस्त की बात मान के उसने अपनी नींद ख़राब की और उसका पेपर ख़राब हो गया।

सेल्फ एनालिसिस

सेल्फ एनालिसिस का मतलब आंकना, आप जो भी काम करते हैं आपको इस चीज़ का पता होना चाहिए कि आप किस लेवल पे हो। जैसे अभी हम बात कर रहे हैं बोर्ड एग्ज़ाम्स की। कुछ बच्चे ऐसे होंगे जो बोर्ड्स के दौरान भी बिना किसी अफ़सोस के घूम फिर रहे होंगे और उन्हें अंदर से पता भी है कि उनके मार्क्स कम आएंगे। लेकिन वो सोचते हैं कि मेरे तो हमेशा से ही मार्क्स कम आये हैं तो फिर मुझे यह सब पढ़ने की क्या ज़रूरत, वो खुद मान चुके होते हैं कि मैं पढाई में कमज़ोर हूँ मैं टॉप तो कभी ज़िन्दगी में कर ही नहीं सकता। अब जो इंटेलीजेंट बच्चे हैं उन्हें भी कई बार अपनी कमियों का एहसास नहीं होता।

कई बार ऐसा होता है कि जो बचे शुरू से टॉप कर रहे होते हैं वो कॉन्फिडेंट हो जाते हैं बाकि क्लासेज में तो उस ओवर कॉन्फिडेंस से कोई ज़्यादा फर्क नहीं पड़ता लेकिन परेशानी तब आती है जब वो बोर्ड एग्ज़ाम देने आते हैं और बोर्ड एग्ज़ाम के बारे में भी यही सोचते हैं कि यह बोर्ड भी कौन सा कोई बड़ी चीज़ है।

आपको स्ट्रेंथ और वीकनेसेस दोनों को ही अनाल्यस करने की बहुत ज़रूरत है।

अपनी स्ट्रेंथ और वीकनेस दोनों को एनालाइज़ करने का सबसे अच्छा तरीका है कि आप अपनी कमज़ोरियां और अपनी स्ट्रेंथ दोनों को ही एक जगह लिख लें, आपके पास जो भी सब्जेक्ट्स है और सब्जेक्ट्स में भी जो सब टॉपिक्स है, आप उनको लिखो और देखो कि कौन से टॉपिक आपको अच्छे से आता है, कौन से वो सब्जेक्ट्स या टॉपिक्स है जो आपको खुद तो आते ही है लेकिन इतने अच्छे से नहीं आते हैं कि आप किसी भी नए इंसान को वो समझा सकते हैं।

अपनी वीकनेस को लिख के उसके बारे में सोचो कि आप उसे किस तरीके से सुधार सकते हैं। आपके पास स्कूल टीचर्स है, ट्यूशन है और आपके दोस्त भी है तो आपके पास बहुत सारे ऑप्शंस है कि आप अपनी कमी को ख़तम कर सकें।

नेक्स्ट बात है कि हमारी लाइफ में प्रायोरिटी का बहुत महत्त्व होता है मतलब हम बहुत कुछ करना चाहते हैं लेकिन हमारा किसी एक चीज़ के ऊपर फोकस नहीं है। इसी प्रायोरिटी से रिलेटेड एक स्टोरी बताने जा रहा हूँ जो महान बिज़नेस पर्सनालिटी के ऊपर है जो हमे बतायेंगे कि किस तरह से हमे अपने डिस्ट्रेकशन को हटा के किसी एक मेन चीज़ पर फोकस कर सकते हैं।

एक दिन वारेन बफेट एक मीटिंग के लिए कहीं जा रहे थे। उन्होंने नोटिस किया कि उनका ड्राइवर थोड़ा दुखी सा लग रहा था। उन्होंने उससे पूछा कि उसे क्या हुआ है तो ड्राइवर को अंदर से काफी अजीब लगा क्योंकि वारेन इतने बड़े आदमी है और उन्होंने इस तरह से कभी उनसे बात नहीं की थी, तो ड्राइवर ने उन्हें बताया कि बस मुझे ऐसा लगता है कि मैं ज़िन्दगी में जो भी गोल बनाता हूँ मै उन्हें अचीव नहीं कर पाता। बफेट ने उसे कहा कि साइड में गाड़ी रोक दो और हम आज तुम्हारी परेशानी के बारे में बात करेंगे, ड्राइवर काफ़ी हिचकिचा रहा था। उसने बोला कि सर नहीं आपका काम ज़्यादा इम्पोर्टेन्ट है हम जिस काम के लिए जा रहे है उस काम को करने चलते हैं, पर बफेट ने गाड़ी रुकवाई।

उन्होंने ड्राइवर से पूछा कि बताओ तुम्हारा क्या गोल है जो तुम अचीव नहीं कर पा रहे हो, ड्राइवर थोड़ा सा भौचक्का सा रह गया उसने बोला कि सर मैं ऐसे अचानक से आपको कैसे बता दूं, मुझे सोचने के लिए थोड़ा टाइम दीजिए। तो वारेन ने उसे कुछ टाइम दिया और कहा कि एक कागज़ में 25 ऐसी चीज़ों कि लिस्ट बना के दो जो तुम अचीव करना चाहते हो। तो ड्राइवर ने बना दी और वारेन ने वो लिस्ट अपने हाथ में रखी और जिस काम के लिए जा रहे थे उसके लिए वापस निकल गए और फिर से रास्ते में ड्राइवर को कहा कि इन 25 चीजों में से 5 ऐसी चीज़ों को हटा दो जो तुम्हे लगता है कि सबसे कम इम्पोर्टेन्ट

हैं और 3-4 दिन बाद वो लिस्ट ले कर दोबारा मेरे पास आना। वो 3-4 दिन बाद वो लिस्ट ले कर सर के पास जाता है और सर अब कहते हैं कि इनमें से सिर्फ ऐसी 5 चीजें निकाल लो जो तुम्हें लगता है कि तुम्हारी ज़िन्दगी में पाना सबसे ज़्यादा ज़रूरी है।

ड्राइवर मन ही मन यह सोच रहा था कि क्या यह मुझे बार बार टरका रहे हैं, अगर मदद नहीं करनी थी तो मना कर देते यह ऐसे बार बार लिस्ट बनवा कर क्या होगा। पर फिर भी उसने सोचा कि मालिक है इस वजह से उसने 5 चीज़ों को चूज़ किया और फिर से उनके पास गया। सर ने अब उसे कहा कि यह वो गोल्स हैं जो तुम सच में अचीव करना चाहते हो और वो 20 चीज़े जो तुमने इसमें से निकाली हैं वे वो चीज़ें थी जो तुम्हे अपने गोल को पाने से रोक रह थी। अगर तुम घर से कही जाने के लिए निकलते हो तो तुम्हारे दिमाग में सिर्फ एक मंज़िल होनी चाहिए जहाँ तुम्हें पहुंचना है, अगर तुम 4-5 जगहों पर पहुंचना चाहोगे तो तुम एक जगह भी नहीं पहुँच पाओगे, इसलिए यह सबसे बेहतर तरीका है अपनी प्रिऑरिटीज़ पता करने का।

कंसंट्रेशन

स्कूल या कॉलेज के स्टार्ट होते टाइम हम सभी ये रेसोलुशन लेते हैं कि हम शुरुवात से ही पढ़ना शुरू करेंगे और साल के आखिरी में आते हैं तो आपको पता चलता है कि आपने कुछ नहीं पढ़ा और फिर से आप साल के एन्ड में एग्ज़ाम से दो तीन दिन पहले पूरा सिलेबस पढ़ रहे होते हैं। पर क्या आपको पता है कि ऐसा क्यों होता है? यह लैक ऑफ़ कंसंट्रेशन है कि हम चाहते हैं कुछ करें लेकिन उसको करने के लिए आपको पूरा ध्यान लगाने की ज़रूरत हो सकती है।

कई बच्चे कंसंट्रेशन की कमी की वजह से आसान से आसान टॉपिक भी नहीं समझ पाते, ऐसा नहीं है कि उनका दिमाग बाकि बच्चो से कम है या कमज़ोर है बस उनको कंसंट्रेशन कि कमी होती है जो उन्हें किसी भी चीज़ को समझने से रोकती है और उसका एन्ड ऐसा होता है कि स्टूडेंट्स उस चीज़ को पढ़ना ही इग्नोर कर देते है जो उन्हें समझ नहीं आता।

एकाग्रता वह है जब मनुष्य की सारी मानसिक तथा शारीरिक शक्ति उसी कार्य में लगी हो जो उसे करना है और उस समय में किसी और चीज़ या कार्य पर उसका ध्यान न जाए| मगर

ऐसा करना इतना सरल नहीं है क्योंकि अक्सर हम मनुष्यों का मन अपने आस-पास की चीज़ों को देख कर या शोर-गुल को सुन कर विचलित हो उठता है और मन भटकाने वाली चीज़ें हर जगह मौजूद होती हैं| संस्कृत में कहा गया है-

"तप: सु सर्वेषु एकाग्रता परमं तप:"

इसका अर्थ है, सभी तपस्याओं को करने से बड़ा तप है एकाग्रता| जीवन का कोई भी साधारण सा कार्य बिना एकाग्रता के निष्फल ही रहता है फिर चाहे वह ईश्वर की साधना हो, साइंस का कोई परीक्षण हो, पढ़ाई में ध्यान लगाना हो या रसोई में खाना पकाना| एकाग्रता हम सभी के जीवन में बहुत ही महत्वपूर्ण है क्योंकि एकाग्रता के बिना आप कोई भी कार्य पूर्ण रूप से नहीं कर सकते और कर भी लेते हैं तो आपको संतुष्टि तो कदापि नहीं मिलेगी| यदि आप पूजा अर्चना कर रहे हैं और ध्यान बाहर हो रही हलचल या टेलीविज़न पर चल रहे धारावाहिक में खोया हुआ है तो पूजा अर्चना तो पूर्ण रूप से निष्फल ही रह गयी| अगर आप खाना पकाते समय किसी और काम की चिंता में खोये हुए हैं तो अक्सर सब्जी में नमक कम या अधिक हो जाता है फलस्वरूप आपका कार्य बिगड़ जाता है| हम आपको कुछ उपाय बताते हैं जो मन को एक कार्य की ओर एकाग्रित करने में आपकी सहायता करेंगे क्योंकि एकाग्रता ही मनुष्य को आखिर तक पहुंचाती है|

यदि एक बार आपके मन में एकाग्रता का वास हो जाए तो आप अपने कार्यों को किसी भी जगह बिना ध्यान भटकाए पूर्ण रूप से कर सकते हैं| आपके कार्य फिर कहीं भी बाधित नहीं होंगे फिर चाहे आप ट्रैफिक में उसे पूर्ण करें या रिश्तेदारों के बीच बैठकर|

मैं आपको कुछ ऐसे तरीके बताऊँगा जिससे आप अपनी कंसंट्रेशन पावर इनक्रीस कर पाएंगे:

1. स्विच ऑफ इलेक्ट्रॉनिक डिवाइस -

मोबाइल्स और गैजेट्स आजकल के बच्चों के लिए सबसे बड़ा कंसंट्रेशन ब्रेकर है। जब भी आप पढ़ने बैठे उससे पहले अपना फ़ोन, लैपटॉप स्विच ऑफ कर दे और उसे अपने स्टडी रूम या एरिया से बहार रखें, भले हम जो मर्ज़ी कहें लेकिन इलेक्ट्रॉनिक डिवाइसेस हमारी कंसंट्रेशन को बहुत ब्रेक करते हैं। भले ही हम फ़ोन को दूर भी रख देते हैं पर तब भी दिमाग में यह चलता रहता है कि पता नहीं किसका मैसेज आया होगा, कोई ज़रूरी कॉल तो नहीं आ गया| पता भी है कि आपको कोई कॉल नहीं करता तब भी आपको बस डिस्ट्रेक्ट होने का बहाना चाहिये होता है।

2. योग एंड मैडिटेशन

मैडिटेशन कंसन्ट्रेशन बिल्ड करने का टेस्टेड और प्रूवड तरीका है। इसे करने में आपका कोई बहुत सारा एफर्ट नहीं लगने वाला बस आपको एक शांत कमरा चाहिए। आपको बस 5 मिनट के लिए वहां ध्यान लगाना होगा अगर आप कही बाहर मेडिटेट कर सकते हैं जैसे छत, पार्क या बालकनी में तो ज़्यादा फायदेमंद होगा क्योंकि नेचर से आप जितना जुड़ेंगे आपको उतना ही ज़्यादा मन की शांति मिलेगी।

3. अपना स्टडी रूम अरेंज करें

आप कहा बैठ के पढ़ते हैं यह भी आपके कंसंट्रेशन के लिए बहुत ज़रूरी फैक्टर है, अगर आप किसी ऐसी जगह बैठ के पढ़ते हैं जहा आसानी से आप बाहर का शोर शराबा सुन सको, या फिर आप फॅमिली के बीच में बैठ के पढ़ रहे हो जहां टी. वी. चल रहा है, सब लोग आपस में बात कर रहे हो, बच्चे खेल रहे हो, ऐसे में तो सिर्फ आपका सर दर्द हो सकता है, कंसंट्रेशन नहीं बन सकता।

4. एक रूटीन फिक्स करें

यह बहुत बार रिपेटेड है लेकिन कंसंट्रेशन बिल्ड करने का बहुत इफेक्टिव तरीका है। आपको अपना एक रूटीन बनाना चाहिए और उसे फिक्स करके उसके अकॉर्डिंग पढाई करें, भले ही आप

एक दिन में दो घंटे पढ़ते हो लेकिन अगर आप रूटीन से पढ़ते है तो वो बहुत इफेक्टिव रहेगा। आप अपने डेली करिकुलम या रूटीन के अकॉर्डिंग स्कूल कॉलेज हटा के जितना भी टाइम बचता है उसका टाइम टेबल बना के पढ़ना शुरू करेंगे तो आपको कोई डिस्ट्रेकशन नहीं होगा।

5. गोल बनाना

आपको पढ़ने से पहले अपना एक गोल सेट करना चहिये कि आप कौन से सब्जेक्ट का कितना पार्ट आज पढ़ने वाले है। टारगेट सेट करने से आप अपने आप को पुश करने की कोशिश करेंगे और मोटिवेटेड रहेंगे।

6. ब्रेक लेना

ज़्यादा टाइम तक अपने दिमाग को स्ट्रेस देना सही नहीं है क्योंकि ज़्यादा टाइम तक एक चीज़ पर फोकस करते हैं तो वो हद से हद 60 मिनट तक काम करते हैं, यह साइंटिफिकली प्रोवेन है कि हमारे दिमाग को कुछ कुछ टाइम के बाद ब्रेक की सख्त ज़रूरत होती है वार्ना वो ठीक से फंक्शन नहीं कर पता। अगर आप ब्रेक लिए बिना चार पांच घंटे भी पढ़ते हैं तो उसका कोई खास फायदा नहीं होगा क्योंकि आपका माइंड थकावट की हालात में कोई चीज़ को अब्सॉर्ब ही नहीं करेगा इसलिए हर एक

घंटे ब्रेक लेना बहुत ज़रूरी है भले ही वो दस मिनट का क्यों न हो।

7. अपने आप को कुछ गिफ्ट दो

आपको याद है जब आप प्लेवे में थे तो आप जब कोई पोएम या ए बी सी डी सुनते थे तो आपको टॉफ़ी या चॉकलेट मिलती थी वो ही पाने के लिए पढ़ा करते थे। ऐसे ही हर काम को अच्छे से करने के लिए आपको कोई न कोई इंसेंटिव चाहिए होता है। इंसान हर काम को करने से पहले क्या सोचता है? कि इस काम को करने से आपको क्या मिलेगा या फिर आपका क्या फायदा होगा इसलिए जब आप पढ़ने के लिए खुद ही डिसाइड कर लो कि अगर मैंने यह चैप्टर पूरा कर लिया तो मैं बाहर घूम के आऊंगा, या फिर मैं यह चैप्टर कर के आइसक्रीम खाने जाउंगी तो इससे आपको एक एस्टीमेट रहेगा काम को पूरा करने का।

टोपर बनने के तरीके

1. डिसिप्लिन

डिसिप्लिन एक ऐसा गुण है जो आपको बाकि स्टूडेंट्स से अलग बनाएगा। टोपर बनने के लिए आपके अंदर यह क्वालिटी तो होती ही है, हाँ इसके अलावा आपको मेहनत, दिमाग और विल पावर भी चाहिए लेकिन डिसिप्लिन के बिना आप यह सब कभी अचीव नहीं कर पाएंगे। डिसिप्लिन के लिए आपके अंदर डेडीकेशन होना चाहिए कि अगर एक बार कुछ ठान लिया तो ठान लिया उसके बाद रास्ते में कितनी ही मुश्किलें क्यों न आ जाये आपको रुकना नहीं है। डिसिप्लिन आपके गोल तक पहुचने की चाबी है।

इसके लिए आप ऐसा कर सकते हैं कि अपने आप को बहुत मैनेज्ड रखें, एक टाइम टेबल बना कर पढाई करें, आप अपनी सोने व खाने पीने की आदतों के हिसाब से उस टाइम टेबल को इधर उधर कर सकते हैं, लेकिन एक बार कुछ ठान लिया तो उसका ईमानदारी से पालन करिये।

आप अपने स्टडी रूम या फिर जहा भी आप पढाई करते हैं वहां की साफ़ सफाई खुद कीजिये जिससे आप बाद में यह न कहें के मम्मी मेरी इंग्लिश की किताब तो यहाँ रखी थी अब मिल नहीं रही, तो उस चीज़ को खुद ही आर्गनाइज्ड रखिये।

जब आपको फ्री टाइम मिले तो सिर्फ एंटरटेनमेंट, फ़ोन, टीवी इन सब की तरफ ही न जाये बल्कि यह भी सोचें कि आपको ज़िन्दगी में आगे क्या करना है, और यह कोई बर्डन नहीं है अगर आप सही तरह से सोचते हैं और प्लान करते हैं तो आपको अपना गोल अचीव करना भी बहुत सेटिस्फाइंग लगेगा और आपको उसमे मज़ा आने लगेगा।

टाइम को बिलकुल भी वेस्ट न करें, इनफैक्ट जो टाइम टेबल आपने बनाया है उसमे से भी देखिये कि अगर आप अपने फ्री टाइम में से कुछ और टाइम पढाई पर युटीलाइज कर सके तो वो ज़्यादा बेहतर होगा।

आज के काम को आज ही पूरा करें, यह डिसिप्लिन में रहने का सबसे बेसिक रूल है, आज का काम कल पर, कल का परसो पर टाल टाल के आपका सारा डिसिप्लिन बिगड़ जायेगा, फ्लो और लास्ट में पढ़ाई का बहुत ज़्यादा बर्डन हो जायेगा।

डिसिप्लिन का असली मतलब है अपनी अच्छी बुरी सभी आदतों को एनालाइज करना और टाइम के अकॉर्डिंग अपनी आदतों को

ढालना, पढाई ही नहीं अपनी लाइफ में किसी भी गोल को अचीव करने के लिए मोटीवेट हो जाये।

वो कहते हैं न कि मुश्किल वक़्त आईने की तरह होता है, हमारी क्षमताओं का आभास करता है,

अगर हम आईना नहीं देखेंगे तो हम भूल जायेंगे कि हम में कोई कमी भी है।

टाइम मैनेजमेंट

इस बात में कोई शक नहीं है कि किसी भी तरीके की सक्सेस पाने के लिए आपको अपने टाइम को मैनेज करना आना चाहिए, हर इंसान के काम अलग अलग होते हैं, उनके तरीके अलग अलग होते हैं, उनके टाइम को बचाने की वजह अलग अलग होती हैं लेकिन टाइम तो सब के पास सेम ही होते हैं, हर किसी के पास 24 घंटे ही होते हैं, बस तरीके के ऊपर डिपेंड करता है कुछ लोग उसी टाइम लिमिट के साथ टॉप कर जाते हैं और कई पास भी नहीं हो पाते। अगर आप अपने आप को टोपर्स में देखना चाहते हो तो आपको टाइम मैनेजमेंट सीखना बहुत ही ज़रूरी है।

टाइम मैनेजमेंट का मीनिंग सिर्फ इतना है कि जितना टाइम आपके पास अवेलेबल है आप उसमे कितना प्रोडक्टिव काम करते हैं, आजकल कोम्पीटीशन इतना ज़्यादा है कि हमारे लिए

हमेश समय की कमी, स्कूल के अलावा ट्यूशन, कोचिंग के बाद अपनी सेल्फ स्टडी के लिए टाइम निकालना बहुत ही मुश्किल हो जाता है, अगर आप कोई कॉम्पिटेटिव एग्ज़ाम देते हैं तो आपके लिए टाइम का इम्पोर्टेंस और भी बढ़ जाता है क्यूंकि आपके पास तयारी के लिए लिमिटेड टाइम होता है, पूरे देश से हज़ारों लाखों बच्चे इन एग्साम्स की प्रिपरेशन कर रहे होते हैं, और एग्ज़ाम में लिमिटेड टाइम मिलता है इसलिए आपको उस समय के साथ इस कम्पीटीशन को भी हैंडल करना पड़ता है।

टाइम मैनेजमेंट एक ऐसा आर्ट है, जो आपको अपनी ज़िन्दगी में बैलेंस बनाने में हेल्प करेगा, और कहते हैं ना कि जिस इंसान ने समय की कीमत को पहचान लिया वो ज़िन्दगी में कभी किसी से भी मात नहीं खा सकता। अगर आपके हाथ से पैसा चला गया तो वो वापिस आ सकता है लेकिन समय ऐसी चीज़ है जो एक बार आपके हाथ से निकल गयी तो दोबारा कभी लौट के नहीं आएगी।

वो कहते हैं न कि-

सफलता तो बस शब्द मात्र है, असली मजा तो काम और सब्र करने में आता है।

टाइम कि इम्पोर्टेंस समझने के लिए हम आपको एक कहानी सुना रहे हैं:

एक गाँव में एक राजा और एक बहुत आलसी आदमी हरिया बहुत अच्छे दोस्त थे, हरिया कभी कोई भी काम नहीं करता था। एक दिन राजा ने उससे पूछा कि तुम कोई काम क्यों नहीं करते तो हरिया ने कहा कि मुझे कोई काम ही नहीं देता, वैसे भी मुझे बस पैसा चाहिए, वो भी ऐसे जिसमे कोई मेहनत न लगे। राजा ने उसे कहा कि अच्छा ठीक है कल सुबह तुम मेरे महल में आना और सूरज ढलने तक जितना धन इकठ्ठा कर सकते हो, उतना इकठ्ठा करके ले जाना।

हरिया बहुत खुश होता है घर जा कर जब अपनी पत्नी को यह बात बताता है तो उसकी पत्नी भी बहुत खुश होती है कहती है कि खूब सारा धन, सिक्के और गहने बटोर के लाना।

अगले दिन सुबह हरिया की पत्नी उसे जल्दी उठा देती है, लेकिन वो देर तक सोता रहता है, यह कह के कि सूरज ढलने में अभी पूरा दिन बाकि है वो दोपहर तक सोता रहता है और जब उठता है तो महल की तरफ चल देता है जब वो चलने लगता है तो उसे बहुत तेज़ धूप लगती है, तो वो सोचता है कि एक पेड़ के निचे बैठ के थोड़ा आराम कर लूं। थोड़ी देर बाद वो उठ के चलने लगता है तो देखता है कि एक जादूगर जादू दिखा रहा है, वो वहां उसे देखने रुक जाता है। जब वो महल के दरवाज़े तक पहुंचता हैं तो सूरज ढल चुका होता है और महल के दरवाज़े बंद हो चुके होते हैं। इसलिए उसने बिना मेहनत के अमीर बनने का

सुनहरा मौका गँवा दिया लेकिन फिर भी उसे टाइम की कदर नहीं आयी।

टाइम मैनेज कैसे करें:

समय प्रबंधन के लिए आपको किसी खास कोर्स, क्लासेज या तकनीक की ज़रूरत नहीं है, आपको बस अपने गोल के अकॉर्डिंग अपनी प्रिऑरिटीज़ को डिसाइड करना है और आपको यह देखना होगा कि कौन सा वो काम है जो आपको अपने गोल की तरफ आगे बढ़ा रहा है, आपको अपने टाइम को खुद मैनेज करना होगा और यह पहचानना होगा कि आपका टाइम कहा कहा वेस्ट हो रहा हैं, और कौन कौन सा टाइम आप अपने गोल की तरफ जाने में लगा सकते हैं।

आप अपने पुरे टाइम टेबल को एनालाइज कीजिये कि आप स्कूल, ट्यूशन, खाना पीना छोड़ कर बाकि ऐसा कौन सा काम कर रहे हैं जो आपका टाइम ले रहा है, लेकिन आपको उससे कोई फायदा नहीं हो रहा।

आपको ज़्यादा और कम इम्पोर्टेन्ट कामो के अकॉर्डिंग उनके लिए टाइम निकालना होगा जैसे अगर आपका कल क्लास टेस्ट है या किसी फ्रेंड को कॉल या मैसेज करना है। आपको पढ़ाई करने के लिए टाइम निकलना बहुत ज़रूरी है, तो वो काम आपको पहले करना चाहिए लेकिन किसी फ्रेंड को कॉल या मैसेज

करना कम इम्पोर्टेन्ट है इसलिए उसको आप बाद के लिए भी छोड़ सकते हैं।

हर काम के लिए टार्गेट्स और टाइम लिमिट सेट कर लीजिये कि कौन सा काम आपको कितने टाइम में करना है और आपको यह निश्चित कर ही लेना है कि अगर यह काम को आपने एक घंटा देना है तो एक घंटे से ऊपर 5 मिनट भी नहीं लगना चाहिए। घडी पर नज़र रखो और उस एक घंटे में काम को ख़त्म करो। यह रूल आपके तब काम आएगा जब आपके एग्साम्स आ रहे होंगे आप मान लीजिये एक चैप्टर को एक घंटे में पूरा करने का टारगेट रखते हैं, तो ऐसे करते करते ज़्यादा सिलेबस कम्पलीट कर पाएंगे जिसके बाद आपको रिविसन के लिए भी काफी टाइम मिल जायेगा।

वो कहते हैं न कि

सपने देखना बुरी बात नहीं है पर जब तक सपने पूरे नहीं होते तब तक आँखें खुली रखना।

काम को टालने की आदत छोड़ना

इस बात को भी ऐसे समझा जा सकता है कि आज के काम को आज ही पूरा किया जाये, कई बार हमारा हंसी, मज़ाक, मौज मस्ती का मूड होता है इसलिए हम सोचते हैं कि चलो कोई बात नहीं आज मज़े कर लेते हैं कल पढ़ लेंगे, अब ऐसे ही हम अपने

काम को अगले दिन पर टाल देते है, अगले दिन कोई और बहाना मिल जाता है और कल परसो बन जाता है, इसलिए कंडीशन से ज़रूर बचिए।

मैक्सिमम टाइम को बचाना

यह एक बहुत इम्पोर्टेन्ट पॉइंट है, स्टूडेंट्स को पता भी होता है कि यह चीज़ टाइम वेस्ट करेगी लेकिन फिर भी औरों की देखा देखी करते है और बाद में अफ़सोस भी करते हैं जैसे हर दिन कम से कम 2 - 3 घंटे इंटरनेट, व्हाट्सप्प, फेसबुक कई बार तो वो किसी से बात भी नहीं कर रहे बस लोगो की फोटोज देखने में, लोग क्या कर रहे हैं यह सब देखने में टाइम वेस्ट कर देते हैं, पर अपनी ज़िन्दगी में क्या चल रहा है उसका पता नहीं।

आब अपने फ्रेंड्स को देख के आप भी इंटरनेट पर लग जाता है, आपको यह नहीं पता कि वो खुद तो अपना पूरा सिलेबस कम्पलीट कर के, अपना माइंड फ्रेश करने के लिए फेसबुक पर बैठा है और आप सोच रहे है कि भाई नहीं पढ़ रहा तो मैं क्यों पढ़ू, कई बार आपको आपकी यह दोस्ती और भाई पंतिया ही मरवा देती हैं, इसलिए अपना टाइम खुद सोच के मैनेज करे न कि किसी कि बातों में आकर।

वो कहते हैं न कि

अगर तुम अपने सबसे बड़े सपने को पूरा करने की कोशिश नहीं कर रहे हो तो, यकीं मानो तुम वो नहीं कर रहे जिसके लिए तुम दुनिया में आये हो।

स्टार्टिंग से प्रेपर करें

आपको बहुत सारे लोग ऐसे टिप्स देंगे कि आप एक दिन में कैसे टॉप करें, एक रात में कैसे टॉप करें, एक महीने में कैसे टॉप करे लेकिन आपको यह पता है कि जो मोस्टली टोपर्स होते हैं वो सैशन के स्टार्ट होने से भी पहले से पढाई करना स्टार्ट कर देते हैं, एग्ज़ाम वाली रात कोई जादू की छड़ी आके नहीं घूमेगी और आपको टोपर बना कर चली जाएगी वो भी आपकी बिना मेहनत के। इसलिए सैशन से पहले तो नहीं लेकिन जैसे ही स्कूल में पढाई शुरू होती है वैसे ही आप भी क्लास के साथ साथ सेल्फ स्टडी करना शुरू कर दो, आपको ट्यूशन की भी ज़रूरत नहीं पड़ेगी अगर आप स्कूल में कुछ अच्छे से समझते हो और उसको घर आ के रीवाइज करते हो, इससे आपको यह फायदा है कि जब पेपर आएंगे तो आप स्ट्रेस में नहीं होंगे क्योंकि आपको पता है कि ये सब आपको आता है, पर यह भी नहीं कि ओवरकांफिडेंस में आ जाओ कि मुझे तो सब आता है। आपको तयारी करने के लिए कम टाइम ज़रूर लगेगा लेकिन तयारी आपको अब भी करनी है, तो बस आपको रीविजन करना

होगा और आप चाहो तो अपने दोस्तों को भी पढ़ा सकते हो। इससे आपकी तयारी और भी पक्की हो जायेगी।

कंसंट्रेशन

कंसंट्रेशन के बिना इंसान कोई भी काम नहीं कर सकता अगर आपको सूई में धागा भी डालना हो तब भी आपको कंसंट्रेशन की ज़रूरत है, और आपके पास दुनिया में डिस्ट्रैक्शंस हज़ारो हैं। पढ़ने में भी आपको पूरे ध्यान की ज़रूरत है। बहुत से स्टूडेंट्स की यह प्रॉब्लम होती है कि वो जब भी पढाई करते हैं तो उनका ध्यान इधर उधर भटकने लगता है और फिर हम छोटी छोटी चीज़ो से डिस्टीर्ब होने लग जाते हैं। चार घर छोड़ के कहीं गाने चल रहे हैं तो हम सोचते है कि नहीं यार ऐसे तो पढाई हो ही नहीं पायेगी, लेकिन ऐसा नहीं है यह बस एक बहाना है। गौतम बुद्धा और कई बाकि विद्वान् झरनों के पास ध्यान लगाते थे, और आपके पड़ोस में बज रहे गाने की आवाज़ उस झरने की आवाज़ से कम होगी। अगर एक बार आप किसी चीज़ पर ध्यान देना शुरू कर देते हो तो मेरे हिसाब से आपके आस पास ढोल नगाड़े भी बजा दिए जाये तो आप उससे डिस्टर्ब नहीं होंगे क्योंकि आपने ठान लिया है कि उस काम को करना है, अपनी कंसंट्रेशन बढ़ाने के लिए आप मैडिटेशन करना ट्राइ कर सकते हैं। सुबह उठ के कम से कम २ मिनट कीजिये और आपको फर्क दिखने लग जायेगा हलाकि यह करना भी काफी मुश्किल

है लेकिन अगर आपने यह अपना लिया तो आपकी लाइफ बहुत फोकस्ड और पीसफुल रहेगी।

आप अगर बिना ध्यान दिए 4 घंटे से पढ़ रहे हो और उसके बाद 4 घंटे और भी पढ़ लेते हो तो मैं आपको गारंटी दे सकता हूँ कि आपको कुछ न याद हुआ होगा न ही समझ आया होगा, क्योंकि बिना कंसंट्रेशन के पढ़ना उस बाल्टी को पानी से भरने जैसा है जिसमे पहले से छेद है, आप जितना भरेंगे वो बाहर निकलता जायेगा, बिना ध्यान के आप कितना भी पढ़ लीजिये उससे आपके दिमाग में कुछ भी टिकेगा नहीं।

यह टाइम स्टूडेंट्स के फ्यूचर बिल्डिंग के लिए बहुत ही इम्पोर्टेन्ट है इसलिए इस टाइम पे कंसंट्रेशन और बहुत ज़्यादा सब्र से काम लेने की ज़रूरत होती है।

टॉपर की कुछ आदतें

1. वे सब कुछ गूगल करते हैं।

यह एक स्वचालित प्रतिक्रिया की तरह है। नया कांसेप्ट = अच्छे एक्सप्लनेशन के लिए गूगल पर जाएं। केवल इसलिए मत सोचो क्योंकि आपका प्रोफेसर आपको एक पाठ्यपुस्तक और ब्लैकबोर्ड पर कुछ उदाहरण देता है जो आपको उस जानकारी तक सीमित रखता हैं। आपके पास अपनी उंगलियों पर एक विशाल मुफ्त खोज इंजन है, इसलिए उसका उपयोग करें। टॉपर को हमेशा कुछ न कुछ इच्छा रहती है, उनके दिमाग में बस यही रहता है कि यह भी पढ़ले वो भी पढ़ ले जिससे कुछ भी बाकि न रह जाये।

2. वे बार-बार खुद को परखते हैं।

अपने आप का परीक्षण करना आपके मस्तिष्क के नई सामग्री के कनेक्शन को मजबूत करता है, और आपको इस बारे में तत्काल और स्पष्ट प्रतिक्रिया देता है कि आप कुछ जानते हैं या नहीं। निचला रेखा, बार-बार स्वयं-परीक्षण करने से नई सामग्री के दीर्घकालिक प्रतिधारण में काफी सुधार होता है। टॉपर्स हमेशा कुछ कुछ टाइम के बाद अपने आप को जज करते रहते

हैं कि उन्होंने कितना पढ़ लिया, वो कहते हैं ना कि पता लगा लेते हैं कि वो कितने पानी में हैं।

3. वे बहुत सोते हैं।

किसी भी क्षेत्र में, शीर्ष प्रदर्शन करने वालों की दैनिक दिनचर्या, गहन कार्य की अवधि (प्रति दिन 4-6 घंटे) की विशेषता है, इसके बाद उच्च गुणवत्ता वाली नींद (प्रति रात 9 घंटे) की महत्वपूर्ण मात्रा होती है। आप शीर्ष वायलिन कौतुक और शतरंज चैंपियन, साथ ही अभिजात वर्ग के एथलीटों में इस प्रवृत्ति को देखते हैं। यह विचार आराम के साथ गहन कार्य की अवधि को वैकल्पिक करने के लिए है, ताकि आप अपने तंत्रिका तंत्र में नए कनेक्शन का निर्माण करें, और फिर उन लाभों को आत्मसात करने के लिए पर्याप्त समय दें।

4. सवाल पूछकर खुद को व्यस्त रखते हैं।

अगर मैं आपको बताऊँ कि क्या होता है, "थॉमस जेफरसन ने 1776 में स्वतंत्रता के विलम्बन का मसौदा तैयार किया?"

आप कह सकते हैं "हम्म.. यह दिलचस्प है", बाद में इसे याद करने की कोशिश करें, शायद एक नोट भी लिख दें।

लेकिन अगर मैं आपसे पूछूं, "थॉमस जेफरसन कौन था?" क्या परिवर्तन होता है?

आप अपनी याददाश्त कि खोज शुरू करते हैं, पुराने लोगों की छवियों के माध्यम से बहते हैं, जो पिता की स्थापना करते हैं, स्वतंत्रता की घोषणा के बारे में सोचते हैं। आप अपनी खुद की कथा के साथ आते हैं, और तब महसूस करते हैं कि आपके पास अंतराल है।

जब वह फिर से चारों ओर था?

और वह इतना महत्वपूर्ण क्यों था?

आप शायद खुद को अंतराल में भरने के लिए Google पर जा रहे हैं। उस प्रक्रिया के माध्यम से आपका सीखना आपके मस्तिष्क में आपके इतिहास के शिक्षक द्वारा आपके बारे में बताई गई बातों से कहीं अधिक गहराई से बैठ जाएगा। यह सवाल पूछने की शक्ति है।

5. वे सीखते हैं।

स्कूल काफी कठिन है, जिसमें आपको पढ़ाई और होमवर्क करना पड़ता है। और उस फेसबुकिंग के शीर्ष पर आपको काम करना होगा? यह सीखने के लिए आपको जितना संभव हो उतना अधिक हास्यास्पद लगता है।

क्या!

क्या तुम पागल हो!?

लेकिन यह ठीक है कि शीर्ष छात्र क्या करते हैं। और विरोधाभासी रूप से, वे यह समझने के लिए कम समय बिताने का प्रयास करते हैं कि होमवर्क की समस्याओं को कैसे किया जाए, और इसकी वजह से परीक्षाओं के लिए कम समय का अध्ययन। क्योंकि जब आप कक्षा में प्रस्तुत किए गए अतीत को "अधिक सीख" लेते हैं, तो आप विषय के लिए एक बेहतर ढांचा तैयार करते हैं।

अब्राहम लिंकन के जीवन के बारे में कुछ विवरण याद करने की कोशिश करने के बारे में सोचें। आप गृहयुद्ध की तारीखों को याद करने की कोशिश करते हैं, या उन्होंने मुक्ति प्रस्तावना में क्या कहा। आप बार-बार एक ही तथ्य का अध्ययन करते हैं ... लेकिन यह सिर्फ उबाऊ है, और आप जल्दी से भूल जाते हैं। लेकिन अगर आपको उनकी पूरी जिंदगी की कहानी पता हो तो क्या होगा? लिंकन के बारे में; लिंकन अवसाद के मुकाबलों से कैसे पीड़ित थे, और उनकी पत्नी के साथ उनके रिश्ते का सामना करना पड़ा? आप सीखना शुरू करते हैं कि यार इंसान था, और आप उसके द्वारा की गई चीजों और उसके द्वारा किए गए संघर्षों से संबंधित होने लगते हैं। अब आपने अपने सिर में एक कहानी का निर्माण किया है और अध्ययन बताते हैं कि मनुष्य कहानियों के माध्यम से सबसे अच्छा सीखते हैं। तो हां, यह अधिक जानकारी है, लेकिन आपका मस्तिष्क जानता है कि अब इसके साथ क्या करना है कि सभी यादृच्छिक तथ्य एक साथ

जुड़े हुए हैं। अधिक सीखें, लेकिन कम रटे। याद और यादृच्छिक तथ्यों को याद रखने के लिए संघर्ष करें।

एक ऐसी स्टोरी है जो आपको बहुत मोटीवेट करेगी क्योंकि आप भी इससे काफी हद्द तक रिलेट करेंगे कि आपकी आदतें ही होती हैं जो आपको बड़ा या छोटा बनती है। आपके माँ बाप ने आपको क्या परवरिश दी है वो सब आपके बर्ताव में झलक जाता है। अगर आप उसके साथ हैं जो आपके साथ रूड है तो यकीं मानिये आप उन इंसानो में से हैं जिसके सामने एक दिन पूरी दुनिया झुकेगी क्योंकि जो खुद को दूसरे से नीचे समझता है वो इंसान बहुत बड़ा होता है।

एक टैक्सी कंपनी के मालिक से एक रिपोर्टर ने पूछा कि आप पहले ड्राइवर थे और आज आप एक टैक्सी कंपनी के मालिक हैं तो आपने इतना बड़ा सफर कैसे तय किया। तो उस ड्राइवर ने बताया कि जब भी मैं अपने किसी पैसेंजर को लेने जाता था तो मैं गाडी से बाहर निकल के उनके लिए दरवाज़ा खोलता था वो भी एक स्माइल के साथ, भले ही सामने वाला इंसान गुस्से में हो या खुश हो, या फिर वो मुझसे कैसे भी बात करें। जब वो गाडी में बैठ जाते थे तो मैं उनसे पूछता था कि सर / मैडम अगर आप चाहें तो मेरे पास टैक्सी में इंग्लिश और हिंदी मैगज़ीन भी है अगर आप पढ़ना पसंद करें। कुछ लोग पढ़ लेते थे कुछ लोग मुँह पे मना कर देते थे लेकिन अपनी स्माइल को कभी नहीं बदला, मैं तब भी उनसे पूछता था कि अगर आपको म्यूजिक का शौक है तो बताइये मेरे पास हर तरह के गाने हैं,

कुछ लोग अपनी पसंद बता देते थे और कुछ गाली दे कर मुझे ही चुप करवा देते थे।

लेकिन जब मैंने अपनी आदत नहीं बदली तो उन लोगो को मैं बहुत पसंद आने लगा शायद उन लोगो कि बिजी लाइफ में दस पंद्रह मिनट की ख़ुशी मेरी वजह से आ जाती थी, तो तब से वो लोग हमेशा टैक्सी बुक करते समय मेरी ही डिमांड करते थे, और ऐसे उन लोगो की डिमांड देख कर मैंने धीरे धीरे अपनी एक टैक्सी इंस्टॉलमेंट्स पर खरीदी, उसकी इंस्टॉलमेंट्स पूरी हुई तो दूसरी टैक्सी खरीद ली ऐसे करते करते मेरी बहुत सारी टैक्सिस हो गयी और आज मैं आपके सामने हूँ। तो भले ही सामने वाला इंसान आपके साथ कैसा बर्ताव क्यों न करे जब आप अपनी अच्छाई नहीं छोड़ते तो सामने वाला भी आप से खुश होने लगता है।

कुछ चीज़े जिनसे स्टूडेंट्स को बचना चाहिए

- **कुछ चीज़े जिनसे स्टूडेंट्स को बचना चाहिए**

  खुद को नेगेटिव सोच वाले लोगो से दूर रखें

  वो कहते है न,

  वहां तूफ़ान भी हार जाता है,

  जहा कश्तिया ज़िद्द पे होती है।

  - अज्ञात

किसी भी इंसान भले ही वो स्टूडेंट हो, टीचर हो, बॉस हो या फिर एम्प्लोयी ही क्यों न हो, उनकी लाइफ में उनकी सोच का बहुत महत्व होता है, पॉजिटिव थिंकिंग से आपका सेल्फ कॉन्फिडेंस बढ़ता है। आप एक उम्मीद और डेटर्मिनेशन के साथ किसी भी काम को करने में सफल होते हैं, और जब आप नेगेटिव होते हैं तो आपको हर काम में बस परेशानियाँ और मुश्किलें ही नज़र आती हैं। जो लोग नेगेटिव रहते हैं वो अपने गोल कि तरफ बहुत केयरलेस हो जाते हैं। उनके हर काम में

नर्वसनैस, हिचकिचाहट होती है और सीरियसनैस की कमी होती है।

आजकल इतना कम्पेटटिशन है कि कोई पॉजिटिव रह ही नहीं पाता क्योंकि फेल होने के चान्सेस ज़्यादा होते हैं इसलिए हम मेहनत करने से भी कतराते हैं यह सोच के कि होना तो फेल ही है। अगर आपको सक्सेसफुल होना है तो आपको अपने आप को पॉजिटिव थिनकिंग और पॉजिटिव वाइब्स से भरना होगा।

आपकी सोच की शक्ति से रिलेटेड आपको एक स्टोरी सुनाता हूँ। धीरूभाई अंबानी एक बार किसी अर्जेंटं काम से गाड़ी में जा रहे थे और अचानक रास्ते में बहुत तेज़ तूफ़ान आने लगा और धूल उड़ने लगी। ड्राइवर ने उन्हें कहा कि तूफ़ान बहुत तेज़ है मैं गाड़ी रोक दु? तो धीरुभाई ने कहा कि नहीं गाडी चलाते रहो कुछ देर बाद उनके ड्राइवर ने फिर से बोला कि धूल बहुत उड़ रही है कुछ दिखाई नहीं दे रहा गाडी रोक दू? धीरूभाई ने फिर कहा गाड़ी चलाते रहो। ड्राइवर ने देखा कि रास्ते में जितनी भी गाडिया थी सब तूफ़ान की वजह से रुकि हुई थी। उसने एक बार फिर कहा कि सर तूफ़ान बहुत भयंकर है और बाकि सब ने भी अपनी गाड़िया साइड में खड़ी कर दी हैं। धीरूभाई ने कहा कि बार बार पूछो मत बस गाडी चलाते रहो, आगे चल कर तूफ़ान और भयंकर होता गया लेकिन ड्राइवर ने गाड़ी नहीं रोकी। कुछ किलोमीटर आगे जाने क बाद मौसम बिलकुल साफ़ हो गया और धूप निकल आयी, धीरूभाई ने ड्राइवर से कहा कि अब तुम गाडी रोक सकते हो और बाहर निकल सकते हो। ड्राइवर ने

हैरान हो कर पूछा कि अब क्यूँ? धीरुभाई ने कहा कि अब जब तुम बाहर निकलोगे तो देखोगे कि जो लोग रास्ते में रुके थे वो अब भी तूफ़ान में ही फसे हैं, क्योंकि तुमने कार चलाना नहीं छोड़ा इसीलिए तुम तूफ़ान से बहार हो। मज़बूत से मज़बूत इंसान भी मुश्किल में कोशिश करना छोड़ देता है लेकिन कोशिश करना कभी छोड़ना नहीं चाहिए क्योंकि कोशिश के आगे कोई मुश्किल ज़्यादा देर नहीं टिक पाएगी। ऐसा नहीं है कि ज़िन्दगी बहुत छोटी है बस हम जीना ही देर से शुरू करते हैं।

इसलिए ट्राइ करे बिना हार मान लेने से पहले अपनी सोच को बदलो क्यूंकि शायद ट्राइ करना ही बहुत फायदेमंद साबित हो जाये। ये नेगेटिव सोच स्टूडेंट्स को सबसे ज़्यादा एग्ज़ाम रिजल्ट्स के बाद होता है, खुद को इतना पुश करने के बावजूद आपके मार्क्स अगर उतने नहीं आये जितने आप चाहते थे तो दुःख तो ज़रूर होता है लेकिन उसके बाद आप हार मान जाएं या फिर सोचें कि जीने का कोई मकसद ही नहीं बचा तो आप बहुत ज़्यादा गलत हैं। अभी तो आपने सिर्फ स्कूल के एग्ज़ाम्स दिए हैं और आप उसके रिजल्ट्स से इतने डिसपॉइनटेड हो गए लेकिन आपको पता है असली ज़िन्दगी का स्ट्रगल अभी शुरू भी नहीं हुआ है, जब आप स्कूल से निकलेंगे और बाहर की दुनिया देखेंगे, आपको कितनी मेहनत और कितनी मुश्किलों का सामना करना पड़ता है। अगर नौकरी में जाते हैं तो रोज़ बॉस की डांट सुनना, बिज़नेस कर रहे है तो उसमे लॉसेस, पर्सनल प्रोब्लेम्स और कहने के लिए कोई न होना, यह सब फेस करोगे तो आपको

लगेगा कि स्कूल वाला स्ट्रेस तो इससे काफी कम और बेहतर था।

वो कहते है न,

भाग्य और दूसरो को दोष क्यों देना

जब सपने अपने हैं तो कोशिशे भी अपनी होनी चाहिए

- अज्ञात

2 क्वालिटी ओवर क्वांटिटी

बहुत से स्टूडेंट्स को यह मिसकन्सेप्शन है कि ज़्यादा पढ़ना ज़रूरी है, इसलिए एग्ज़ाम्स की तयारी करते हुए स्टूडेंट्स एक एक सब्जेक्ट की चार पांच किताबे खरीद लेते हैं, अगर किसी ने सजैस्ट कर दिया कि यह वाली बुक ज़्यादा बढ़िया है तो वो भी खरीद लेते है और उसके बाद उनको खुद को भी हिसाब नहीं रहता कि उनके पास बुक्स कितनी और कौन कौन सी है। अब एक ही सब्जेक्ट की इतनी सारी बुक्स पढ़ने में आपका टाइम और मेहनत तो बर्बाद होती ही है बल्कि उन में से कई किताबो में एक ही क्वेश्चन को सॉल्व करने के अलग अलग मेथड्स दिए होते है, आपके स्कूल में अलग मेथड सिखाया गया होगा, आपके ट्यूशन में अलग मेथड सिखाया होगा तो उसमे आप बस कंफ्यूज हो कर रह जातें है।

आपको क्वालिटी और क्वांटिटी में फरक जानना होगा मान लीजिये कि आप लोकल कपडे लाते हैं, आप 100 रूपये कि चार टी शर्ट्स ले आये और वही आपका दोस्त 600 रूपये में कंपनी की टीशर्ट ले के आया, आप सोच रहे हो कि आपके पास तो उससे भी कम में चार टी शर्ट्स आ गयी और उसके पास सिर्फ एक लेकिन कुछ टाइम बीतने के बाद आपको यह पता चलेगा कि आपकी चारो टी शर्ट्स का रंग फेड होने लगा है, किसी की सिलाई निकल रही है और आपके दोस्त की टीशर्ट इतनी बार धुलने के बाद भी वैसी है। तो इसलिए आपको नंबर नहीं क्वालिटी देखनी होगी ज़्यादा किताबो से कुछ नहीं होगा जब तक आप कुछ क्वालिटी का नहीं पढ़ते जो आपको एग्ज़ाम में पास करेगा।

वो कहते है न,

मुसीबते इंसान को बिठाने नहीं

उठाने आती हैं।

- अज्ञात

- **एग्ज़ाम स्ट्रेस**

एग्ज़ाम स्ट्रेस वो है जो टोपर को भी होता है, जिसे सब कुछ आता है और उसे भी जिसने पूरे साल कभी किताब तक नहीं खोली, हाँ हालाँकि किताब न खोलने वाले को अंदर से पता होता है कि हम तो फेल होंगे ही होंगे, वही दूसरी तरफ ऐसा स्टूडेंट

जो सब तैयारी कर के एग्ज़ाम के लिए बिलकुल तैयार बैठा है कई बार उसके लिए भी सिचुएशन कुछ ऐसी आ जाती है कि वो भी स्ट्रेस में आ जाता है, और यह फैक्ट है कि फ्री माइंड से एग्ज़ाम देने से ही अच्छे नंबर आते है स्ट्रेस में रहने से नहीं।

अब स्ट्रेस के अलग अलग कारण हो सकते हैं, कुछ को इस बात का स्ट्रेस है कि कुछ नहीं पढ़ा, कुछ को इस बात का कि सब पढ़ तो लिया है पर कही कुछ छूट न गया हो पर कई बार यह स्ट्रेस ऐसा होता है कि जिस पे आपका भी कोई ज़ोर नहीं रहता, जैसे अगर आप एग्ज़ाम डेज में बीमार हो जाते हैं तो स्ट्रेस होना ज़रूरी है और इसका ब्लेम भी आप किसी और पर नहीं डाल सकते।

कई बार वो स्ट्रेस पढाई से रिलेटेड भी नहीं होता और उसके लिए आप ही ज़िम्मेदार होते हैं जैसे कि आपको सेंटर तक जाने का रास्ता नहीं पता, और आप सीधा पेपर वाले दिन सेंटर पर जा रहे हैं और अब आपको वो मिल नहीं रहा इसलिए आप एग्ज़ाम के लिए लेट हो गए, अब इसमें तो आप ही की गलती है ना, तो इसलिए आप ऐसी चीज़ो के प्रति बहुत अवेयर रहे।

- **आफ्टर एग्ज़ाम डिस्कशन**

जैसे ही बच्चे एग्ज़ाम हॉल से बाहर निकलते हैं उनकी पहली एक्टिविटी क्या होती है? आपस में क्वेश्चन पेपर को डिसकस करना जो मेरी नज़र में सबसे यूज़लेस काम है। चलो ठीक है

आप एग्ज़ाम दे के बाहर आये हो, आपने एक दूसरे से पूछ लिया कि तेरा पेपर कैसा हुआ, उसने कहा बढ़िया तू बता तो आप कहते हो बस सही था यार एक क्वेश्चन छूट गया। पेपर का इतना डिस्कशन आपके लिए काफी होता है लेकिन फिर भी बच्चे पेपर का एक एक क्वेश्चन डिस्कस करते हैं, तूने इसमें क्या लिखा, तूने इसमें क्या फार्मूला लगाया, अच्छा तेरा आंसर 0 आया मेरा तो -1 आया। अभी आपको पता भी नहीं कि सही आपका है या उसका लेकिन आप पहले से यही अंदर से मानना शुरू कर देते हो कि मेरा ही गलत आया होगा। अब आप पूरा दिन इसी टेंशन में रहते हो कि यार मेरे तो दो क्वेश्चन गलत हो गये अब क्या होगा, लेकिन आपको यह नहीं पता कि पेपर आपका दोस्त नहीं एग्जामिनर चेक करने वाला है, हो सकता है आपका आंसर सही हो। अब आप सोचते हो कि यार मूड ही खराब हो गया यह पेपर ख़राब हो गया तो आगे कैसे होंगे। मेरी एवरेज ख़राब हो जाएगी। और इस वजह से आपके आने वाले एग्ज़ाम्स की तयारी पर भी बुरा असर पड़ जाता है, इसलिए ऐसा भरोसा रखना बहुत ज़रूरी है कि अगर आपने अच्छे से तयारी की होगी तो आपका आंसर क्यों गलत होगा इसलिए उसके लिए बस रिजल्ट का वेट करें, पेपर के बारे में ज़्यादा चर्चा न करे और इवन अगर आपका क्वेश्चन गलत हो भी गया तो भी अगले पेपर की तयारी पर फोकस करें।

वो कहते है न,

अपने हौसले को मत बताओ कि आपकी मुसीबते कितनी बड़ी हैं,

अपनी मुसीबतो को बताओ कि आपके हौसले कितने बड़े हैं।

- अज्ञात

- **खुद को दूसरे से कम्पेयर करना**

भगवान् ने सबको शरीर के अंग तो एक जैसे दिए हैं, दिमाग भी एक जैसा दिया है लेकिन आप उस दिमाग को किस हद तक काम करने पे लगा सकते हो, या आप उसी गिवेन दिमाग को किस तरीके से और किस जगह पर यूज़ करते हो। आप देखते होंगे आपका एक दोस्त है जिसके 90 अबव मार्क्स आते हैं और आपके 60 जबकि आप क्लास में भी एक साथ बैठते है, एक साथ पढ़ते हैं, ट्यूशन में भी एक साथ ही पढ़ते हैं तो फिर मार्क्स में इतना डिफरेंस कैसे आ जाता है। उसका रीज़न यह है कि शायद जब आप साथ नहीं होते तो वो सेल्फ स्टडी करता होगा और इस तरीके से करता होगा कि वो टॉपर बन जाता है। अब आप इस डिप्रेशन में रह गये कि भैया यह हो कैसे जाता है और होता है वो तो ठीक है पर मेरे साथ क्यों नहीं होता। आजकल कॉम्पीटीशन इतना है कि आपके एक एक परसेंट से फर्क पड़ता है, आप गवर्नमेंट यूनिवर्सिटीज में अड्मिशन लेने

जाओगे तो वहां आपको कटऑफ 98 - 99 परसेंट से कम मिलती ही नहीं है। तो अगर आप अपने स्कूल के टोपर भी हो और फिर भी अगर आपके 95 परसेंट आये है तो वो भी बस आपको रिजल्ट से चार दिन बाद तक की ही ख़ुशी देगा क्योंकि जब उसके बाद आप बाहर एडमिशन लेने निकलोगे तब आपको लगेगा कि यार यहाँ तो मुझसे भी धुरंधर बैठे हैं। लेकिन बात क्या है ना कि आप खुद को किसी दूसरे से कॉम्पयेर नहीं कर सकते क्योंकि जो उसके पास है वो आपके पास नही होगा लेकिन जो आपके पास है वो भी किसी के पास नहीं होगा।

मार्कस कम क्यूँ आते हैं

फेलियर

क्या फेल होना कोई पाप है? क्या इसके बाद ज़िन्दगी ख़तम हो जाती है? नहीं! फेल होना एक गलती ज़रूर है लेकिन अगर आप फेल होने के बाद अपने आप को रोक देते हैं, सोचते हैं कि बस अब इसके आगे और कुछ करने को नहीं बचा उसे फेलियर कहते हैं और यह आपकी सबसे बड़ी गलती होगी। अब आप लोग कहोगे कि जब ब्रेकअप होता है तब भी तो हम सब काम छोड़ देते हैं, 6 -7 महीने तो कम से कम आपको मूव ऑन करने में लगेगा ही तो जब रिलेशनशिप में फेल होने के बाद कुछ महीनो डिप्रेशन ज़रूरी है तो एग्ज़ाम में फेल होने के बाद क्यों नहीं? सबसे पहली चीज़ फेल आप खुद ही नहीं हो जाते, उसके लिए आप कुछ ऐसी चीज़ें करते हो, जो आपको फेल होने के और पास लाती है, और आपको खुद को यह फीलिंग आ रही होती है अंदर से पता होता है कि मैं फेल हो सकता हूँ, मेरी इतनी तैयारी नहीं है कि मैं पास हो सकू। आप एग्ज़ाम टाइम में फ़ोन यूज़ कर रहे हैं, गेम्स खेल रहे है, फ्रेंड्स के साथ घूम रहे हैं, हाँ आपके मन में हल्का सा अफ़सोस भी है, आपको पता है कि आप फ़ैल हो सकते हो लेकिन वो टाइम आपके लिए

सबसे ज़्यादा इम्पोर्टेन्ट होता है। तो सबसे पहले अपने ऊपर ब्लेम लेना सीखिए, कि जो भी हुआ वो आपकी लापरवाही की वजह से हुआ, आपके दोस्तों ने आपको पढ़ने से नहीं रोका, आपने उन्हें खुद को रोकने दिया, लेकिन जब आज वो पास हो गए और आप फेल तो इसमें आप उनकी तो कोई गलती नहीं ठहरा सकते ना, इसलिए फेल होने से पहले ही उसकी वजह को ख़त्म करो और अगर फेल हो भी जाते हो तो अगली बार के लिए ट्राई करते रहो क्योंकि ज़िन्दगी आपको बहुत मौके देगी बस आपको अपने वाले मौके को चुन कर उसका फायदा उठाना है।

फेलियर का असली मतलब और पर्पज आपको सिखना होता है, कई बार हम सक्सैस के इतनी आदि हो चुके होते हैं कि हम कभी सोच भी नहीं पाते कि हम भी फेल हो सकते हैं और ओवरकॉन्फिडेन्स, फेलियर का सबसे अच्छा दोस्त है। जहां ओवरकॉन्फिडेन्स आया वहां फेलियर आना मेरे हिसाब से पक्का है इसलिए भी ताकि आपको यह याद आ जाये कि आप पहले कैसे सक्सैसफुल हुए थे, आपने कितनी मेहनत की थी और कहां आपसे गलती हो गयी।

जितना तुम सोचते हो,

समय उससे कई ज़्यादा तेज़ी से निकल रहा है।

जीवन में असफलता की यह वजाहें हैं, जो आपको कही न कही सफल होने से रोक रही है :

1. गोल की कमी

सफलता की सीढ़ी चढ़ने का सबसे पहला कदम ही होता है अपना एक गोल, एक लक्ष्य तैयार करना, अगर आप अपनी लाइफ में वो पहला कदम ही नहीं लोगे तो अगली सीढ़ियों पर कैसे चढ़ पाओगे। आपका गोल ऐसा होना चाहिए जो आपको लगता हो कि यैस यह मैं कर सकता हूँ अगर मैं मेहनत कर लूँ तो।

2. पोलॉइटनेस की कमी, घमंड

आपको ज़िन्दगी में कभी अपने माइंड में यह चीज़ नहीं आने देनी चाहिए कि मुझे सब आता है, मुझे सब पता है, मैं सब कुछ कर सकता हूँ और कोई भी दूसरा इंसान मुझे कुछ सिखा नहीं सकता क्योंकि मै ही सबसे बुद्धिमान हूँ। आपको अंदाज़ा भी नहीं है कि कई बार कितनी छोटी छोटी चीज़े या कई बार एक छोटा सा बच्चा भी आपको ज़िन्दगी का सबसे बड़ा सबक दे जाता है इसलिए अपने आप को ना तो किसी से ज्यादा समझो और ना ही किसी से कम।

3 खुद पर विश्वास ना करना

यह बात जिस किसी ने भी कही है बहुत खूब कही है क्योंकि आपकी सफलता और आपकी असफलता सिर्फ एक इंसान के ऊपर निर्भर करती है और वो आप खुद हो, अगर आप खुद पर भरोसा रखते हो तो कुछ भी हो सकता है, अगर खुद पर भरोसा

न होता तो आज दशरथ मांझी अकेले पहाड़ खोद कर रास्ता ना निकाल पाते।

एग्ज़ाम में कम अंक आने की वजहें

1. अपनी कमज़ोरियों को न समझ पाना

ज़्यादातर स्टूडेंट्स अपनी कमज़ोरियों को पहचान नहीं पाते हैं वो कभी भी उन्हें बेहतर करने के बारे में नहीं सोचते इसलिए आपको अपनी इन कमज़ोरियों पर ध्यान देना होगा :

a. राइटिंग स्लो होना

बहुत से स्टूडेंट्स को यह प्रॉब्लम होती है कि वो धीरे लिखने की वजह से पेपर छोड़ देते हैं, कई सवाल छोड़ कर आ जाते हैं, आपकी अच्छी और फ़ास्ट राइटिंग से आपका एग्जामिनर भी इम्प्रेस होता है और आपका एग्ज़ाम टाइम से पहले हो जाता है, जिससे आपको अच्छी प्रेजेंटेशन करने का मौका मिल जाएगा।

b. समझाने और लर्निंग पावर

बहुत से स्टूडेंट्स ऐसे होते हैं जो टीचर के पढ़ाते पढ़ाते तक ही टॉपिक को याद कर लेते हैं, कुछ ऐसे होते हैं जिन्हे एक बार फिर से पढ़ने में याद हो जाता है, कई को 2 -4 बार पढ़ने पे याद आ जाता है, कुछ लोग ऐसे होते हैं जिन्हे याद सब होता है, वो समझाने के टाइम पे भी अच्छे से समझा देते हैं लेकिन

एग्ज़ाम टाइम पर वो खुद को ढंग से प्रेजेंट नहीं कर पाते और कम मार्क्स लाते हैं।

मार्किंग इस बेसिस पे होती है कि आपने पेपर में क्या लिखा है ना कि इस बेसिस पे कि आपको कितना आता है इसलिए नॉलेज रखना बहुत अच्छी बात है लेकिन आपको अपना पढ़ने समझने का तरीका पहचानना होगा और देखना होगा कि आप कितनी देर में कितना याद कर सकते हैं और आप कैसे लिखने की तकनीक को बेहतर कर सकते हैं।

2. हाई एक्सपेक्टेशंस

कई स्टूडेंट्स बाकि बच्चो की देखा देखी में कुछ एग्ज़ाम की कोचिंग ज्वाइन कर लेते हैं यह बिना सोचे कि उनका उसमे इंट्रस्ट है भी या नहीं एडमिशन ले लेते हैं, कोचिंग में बाकि बच्चो की बराबरी करने की कोशिश करते हैं। ज़रूरी नहीं है कि हर इंसान का माइंड का लेवेल और इंट्रस्ट एक जैसा हो। अब जब आप किसी कि देखा देखी में कुछ कर रहे हो क्या पता उस इंसान ने अपने इंटरेस्ट के हिसाब से एडमिशन लिया हो, अब उसके उसमे आजायेंगे अच्छे नंबर और आप रह जाओगे पीछे और फिर आपको यह एहसास होगा कि अरे मैं कैसे पीछे रह गया। अपने से एक्स्पेक्ट करना अच्छी बात है लेकिन आप खुद से वो चीज़ क्यों एक्स्पेक्ट कर रहे हैं जो आप करना ही नहीं चाहते।

जब तुम नहीं पढ़ रहे हो

उस समय कोई न कोई पढ़ रहा होगा

और जिस दिन वो तुमसे मिलेगा

वो जीत जायेगा।

- अमरेश भारती

डिस्ट्रैक्शंस

स्टूडेंट लाइफ न बहुत कॉम्प्लेक्स होती हैं, इन्हे पढ़ना भी है, फैशन में भी रहना है, दुनिया में क्या चल रहा है वो भी फॉलो करना है, घरवालों की एक्सपेक्टेशंस को भी पूरा करना है। अब इतने सारे काम एक इंसान के बस की बात तो है नहीं इसलिए हम हो जाते हैं डिस्ट्रैक्ट। स्टूडेंट का सबसे बड़ा डिस्ट्रैक्शन है प्यार, अट्रैक्शन, अटैचमेंट्स तो इसी से रिलेटेड एक कहानी मैं शेयर करता हूँ।

स्टूडेंट लाइफ में टोपर होना सबसे अच्छी फीलिंग है, आपको सब पसंद करते हैं, सब आपसे खुश रहते हैं इस कहानी में एक लड़का है जिसका नाम है राहुल। सब उसे पसंद करते थे आखिर करें भी क्यों ना वो क्लास का टोपर था, उसके मम्मी पापा थोड़े से स्ट्रिक्ट थे, वो चाहते थे कि राहुल का पूरा ध्यान पढाई में रहे पढाई के अलावा बाकि चीज़ो के लिए उसे बहुत लिमिटेड टाइम ही मिलता था, और राहुल भी इस रूटीन में ढल चूका

था। पर उसके मम्मी पापा कभी कभी उसके मार्क्स को लेकर कुछ ज़्यादा ही स्ट्रिक्ट हो जाते थे इसलिए वो काफी परेशां हो जाता था। लेकिन हर राज की एक सिमरन ज़रूर होती है उसकी लाइफ में उसकी बेस्ट फ्रेंड रिया ही उसके लिए एक ख़ुशी का सोर्स थी उसे जब भी कोई परेशानी होती तो उससे शेयर करता। रिया पढ़ाई में एवरेज थी लेकिन उसे पता था कि राहुल के पेरेंट्स उसकी पढाई को ले के बहुत सीरियस हैं इसीलिए उसकी पढाई के साथ कभी कोम्प्रोमाईज़ नहीं होने देती थी। दोनों 12th में आ गए और यह एक ऐसी स्टेज होती है कि जहां हर बच्चा सीरियस हो जाता है क्यूंकि यही स्टेज आगे चल कर आपका फ्यूचर डिसाइड करती है, तो फिर राहुल के पेरेंट्स तो उसपे और भी स्ट्रिक्ट हो गए एग्ज़ाम आने से थोड़े टाइम पहले ही उससे उसका फ़ोन ले लिया गया, टी वी तो वो बेचारा पहले भी नहीं देख पाता था। इस बीच उसपे काफी ज़्यादा प्रेशर आ गया था। पढाई से तो वो डील कर लेता था लेकिन अब फ़ोन नहीं था तो वो अपनी दिल की बातें किसी से शेयर नहीं कर पाता था। 12th के एन्ड के दिनों में बहुत कम बच्चे ही स्कूल आते थे जिनमे राहुल और रिया भी थे लेकिन राहुल जब रिया से बात करने जाता तो रिया उससे दूर चली जाती, उसे बस इग्नोर करती और राहुल सोचता रह जाता कि अब बस स्कूल में ही तो हम बात कर सकते हैं पर रिया यहाँ भी क्यों मुझसे बात नहीं कर रही, ऐसा कभी नहीं हुआ था।

अब प्री बोर्ड भी आने वाले थे बच्चो को उसकी टेंशन थी लेकिन राहुल की टेंशन सबसे अलग थी उसे यह टेंशन थी कि उसकी सबसे अच्छी दोस्त रिया उससे बात क्यों नहीं कर रही। अब प्री-बोर्ड का दिन आ गया दोनों जा के डेस्क पर बैठ गए, राहुल बस रिया की तरफ देख ही रहा था कि अब वो ऑल द बेस्ट कहेगी पर रिया ने उसकी तरफ नहीं देखा, बचपन से ले कर अब तक कभी ऐसा कोई एग्ज़ाम नहीं गया था जिसमे इन्होने एक दूसरे को विश न किया हो, राहुल बहुत ही ज़्यादा डिस्टर्ब था इस टेंशन में उसने पढाई भी अच्छे से नहीं की थी, वो बस पेपर ले के बैठा रहा, बैठा रहा और थोड़ी देर बाद अचानक उसके चेस्ट में पेन शुरू हो गया, वो उसे भी काफी देर तक सहता रहा लेकिन उसके बाद वो दर्द बर्दाश्त से बाहर हुआ और वो बेंच से नीचे गिर पड़ा, टीचर्स उसे उठा के ले जाते हैं, उसके पैरेंट्स को भी बुलाते हैं, जब उसके पेरेंट्स वहां पहुचते हैं तो डॉक्टर उन्हें बताते हैं कि आपका बेटा डिप्रेशन और एंग्जायटी का शिकार है, जिसकी वजह से वो इमोशनली वीक हो गया था इसलिए उसे पैनिक अटैक आ गया और अगर वो अभी से इतना स्ट्रेस लेता रहा तो उसकी जान को भी खतरा हो सकता है। तब जा के उसके पेरेंट्स को समझ आया कि इतना प्रेशर देना दिमाग के लिए ठीक नहीं है।

राहुल ने इस साल फिर टॉप किया लेकिन इस बार उसके 95% मार्क्स थे पिछली बार से 3% कम लेकिन इस बार उसके घर वाले बहुत खुश थे।

टाइम टेबल बनाने का बेस्ट तरीका

स्टूडेंट्स के लिए टाइम टेबल को फॉलो करना तो डिफिकल्ट होता ही है लेकिन उससे भी पहले जो ज़रूरी चीज़ है वो यह है कि आपको टाइम टेबल बनाना कैसे है। क्या वो तरीके हैं जिनको फॉलो करके आप अपने लिए अपने एक इफेक्टिव स्टडी टाइम टेबल बना सकते हो।

तो टाइम टेबल बनाने के तरीके और एक डिटेल्ड इनफार्मेशन मैं आपको देता हूँ।

1. आर यू आ नाईट पर्सन और आ मॉर्निंग पर्सन

आपको सबसे पहले यह डिसाइड करना होगा कि आप नाईट पर्सन हैं या फिर मॉर्निंग इसका मतलब है कि आप देखिये कि आप किस टाइप के हैं, आपका क्या रूटीन है आप कब सोते हैं कब उठते हैं किस टाइम पढ़ने में आप ज़्यादा कम्फर्टेबल है और किस तरीके से आप किस टाइम स्लॉट में पढ़ सकते हैं तो आप उसके अकॉर्डिंग ही अपना टाइम टेबल बना पाएंगे।

2. आप मैक्सिमम कितने ड्यूरेशन तक पढ़ सकते हैं

आप बचपन से ले कर अभी तक पढ़ते आ रहे है, एग्ज़ाम्स देते आ रहे हैं, तो आप अपने आप को इतना जज कर चुके होंगे कि आप कितनी देर तक आसानी से पढ़ पाते हैं, मैक्सिमम आप लगातार कितने घंटे या कितने मिनट पूरे फोकस के साथ पढ़ पाते हैं, साइंटिफिकली हर इंसान का दिमाग किसी भी चीज़ के ऊपर मैक्सिमम 45 मिनट तक फोकस कर सकता है लेकिन हर इंसान का दिमाग अलग है, आपकी आदतें अलग हैं, हो सकता है कि आप लगातार एक घंटा पढ़ लेते हो, या फिर यह भी हो सकता है कि आप आधे घंटे से ज़्यादा एक चीज़ पर फोकस ना कर पाते हो, सो इट्स आल अप टू यू। तो आपको टाइम टेबल बनाने से पहले खुद कि यह जजमेंट लेनी बहुत ज़रुरी है क्योंकि हो सकता है आप टाइम टेबल में लिख दें कि दो घंटे पढ़ना है लेकिन आप 15 मिनट ही पढ़ पाते हो, इसलिए आपको अपना मैक्सिमम टाइम जज करना होगा।

3. वाट आर योर मेजर डिस्ट्रैक्शसं

आपको यह एनालाइज करना होगा कि आपकी सबसे बड़ी डिस्ट्रैक्शन कौन सी है, स्टूडेंट लाइफ में डिस्ट्रैक्ट होना सबसे आसान काम है, तो आपको यह देखना है कि वो कौन सी चीज़ है जो आपको सबसे ज़्यादा डिस्ट्रक्ट करती है या फिर आपका ज़्यादातर टाइम क्या करने में बर्बाद होता है जैसे टीवी या फ़ोन और फ़ोन में भी एक स्पेसिफिक चीज़ होगी जो आप सबसे

ज़्यादा यूज़ करते हैं जैसे व्हाट्सएप, फेसबुक, इंस्टाग्राम या खेलने में। तो जो चीज़ आप सबसे ज़्यादा यूज़ करते हैं उस चीज़ को अपने से दूर करे अब वो आपके ऊपर है कि आप वो कैसे करते हो, आप अपना अकाउंट डिलीट करते हो या फिर एप अनइंस्टाल करते हो, या फिर आप कुछ टाइम के लिए अपना फ़ोन ही बंद कर दो।

4. सब्जेक्ट्स यु लाइक

आपको कौन से सब्जेक्ट्स सबसे अच्छे और इंटरेस्टिंग लगते हैं, कौन से सब्जेक्ट्स हैं जो आपको बिलकुल नहीं पसंद, या आपको उन्हें पढ़ना बहुत बड़ी पनिशमेंट लगता है, जब आप टाइम टेबल बनाओगे तो आपको यह दोनों चीज़े पता होंनी चाहिए जिससे जब आपका पढ़ने का मूड न भी हो आप तब भी पढ़ सके। अगर आप उस टाइम पे अपने प्रायोरिटी के अनुसार पढोगे तो आपका माइंड चेंज हो सकता है।

5. वट इस योर बेस्ट ब्रेक टाइम एक्टिविटी

आपको टाइम टेबल बनाते टाइम यह भी पता होना चाहिए कि आप किस चीज़ को करने से फ्रेश महसूस करते हो, सपोज करो कि आप बहुत टाइम से पढ़ रहे हो और अब आपको ब्रेक लेना है तब आप क्या करना चाहोगे, आप बाहर घूमना ज़्यादा पसंद करोगे या फिर, आप म्यूजिक सुनना पसंद करोगे या, आप एक नैप लोगे।

एक बार आप जब इन सारे सवालों का जवाब सोच लेते हो तो नेक्स्ट स्टेप है कि वीकली प्लान बनाएं और आप प्लान को संडे रात को अगले पूरे हफ्ते का बना सकते हैं, तो उस प्लान को बनाते टाइम आप खुद से यह सब सवाल पूछें।:

1. इस वीक में पूरा करने के लिए आपके पास कोई बड़ा काम है जो बहुत अर्जेंट हो, कोई ऐसा काम जो आपको इसी हफ्ते के अंदर अंदर पूरा करना हो जिसके लिए आपको कोई डेडलाइन मिली हो अगर वो बहुत इम्पोर्टेन्ट है तो उसको प्रायोरिटी लिस्ट में रखो कि इस हफ्ते में सबसे पहले आपको यही करना है।

2. आपको इस हफ्ते के अंदर अंदर जो जो भी काम करने है उनकी एक लिस्ट बना लो। नंबरिंग इस तरीके से करो कि नंबर 1 पर वो हो जो आपके लिए सबसे ज़रूरी है दूसरे पर वो हो जो उससे थोड़ा कम ज़रूरी है लेकिन ज़रूरी भी है इसलिए आप उसको सबसे इम्पोर्टेन्ट काम के बाद करेंगे तो ऐसे कर के आप अपने जितने भी काम हैं उन्हें एक लाइन में रख के कम्पलीट कर सकते हैं।

3. अपने वीकली गोल्स को डेली गोल्स में डिवाइड कर लो यानी कि आप उन्हें ऐसे बाँध लो कि आज आज के दिन में यह काम कम्पलीट करना ही करना है, ऐसे आपके वीकली टास्क का प्रेशर हर दिन के साथ कम होता जायेगा।

4. ब्रेक लेना भी न भूलें, आप एक बार कुछ प्लान करते हैं तो आप उसपे बिलकुल डट जाते हैं लेकिन आपको उसके साथ साथ

ही अपनी हेक्टिक टाइमलाइन में से उसके बीच में प्रॉपर ब्रेक्स लेते रहना है।

5. आपको कंसिस्टेंसी से काम करने का गोल रखना चाहिए लेकिन अगर आप उसे कम्पलीट नहीं भी कर पाते हैं तो निराश मत होइए क्योंकि आपने एटलीस्ट उस काम को शुरू तो किया।

एग्ज़ाम टाइम टेबल

एग्ज़ाम टाइम में बच्चो की सबसे बड़ी परेशानी होती है कि उन्हें समझ नहीं आता कि वो अपने लिमिटेड टाइम को कैसे यूज़ करें जिससे वो एफ्फेक्टिवली पढाई कर सके, क्योंकि यह टाइम बहुत मुश्किल होता है क्योंकि आपके सामने एक एग्ज़ाम खड़ा होता है फिर एक सिचुएशन ऐसी भी है कि जो अभी वाला एग्ज़ाम है वो इजी है लेकिन उसके बाद वाले एग्ज़ाम मुश्किल है तो उनका भी अभी ही देखना है। ज़्यादातर बच्चे जो टोपर है, एवरेज है या उससे भी नीचे है सबके लिए एक कंबाइंड एडवाइस है। आपके लिए मैंने दो टाइम टेबल बनाये है एक सुबह के लिए जो है 5 से 7 बजे तक का है। तो सबसे पहले आपको डिसाइड करना है कि आप कैसे पर्सन है और आप कैसे पढ़ पाते हैं, मॉर्निंग या इवनिंग। तो एक इवनिंग टाइम टेबल है जो है 10 से 11 बजे तक का है।

- **मॉर्निंग टाइम टेबल**
- **5 से 7**

अगर आप मॉर्निंग में पढ़ते हैं, तो आप 4:45 तक उठ सकते हैं। अगर आपको सच में फोकस के साथ पढ़ना है तो इतना

बलिदान तो आपको अपनी नींद का देना ही होगा, जो सुबह का टाइम होता है उस टाइम में आप उन सब्जेक्ट्स को चूज कीजिये जो आपको सुलाए ना, मेरे पिताजी क्या करते थे जब मैं टेंथ क्लास में था सुबह आ के कमरे के बाहर से ही मुझे जगा देते थे और कई बार तो मैं बस लाइट जाला कर के सो जाता था। अब सुबह सुबह मैं तो इंग्लिश पढता था और वो पढ़ते पढ़ते मुझे नींद आ जाती थी। जब हम सो के उठते भी है तब भी हम ऐसा कोई खास फ्रेश नहीं होते जैसा लोग बोलते हैं ऐसे में मैं आपको ऐसा बोल सकता हूँ कि आप पहले सुबह उठ के थोड़ी देर एक्सरसाइज कर लीजिये आप फ्रेश हो जाये और फिर पढाई करे पर नहीं अगर आप एक्सरसाइज करते हैं तो ठीक लेकिन अगर आप अब एक्सरसाइज करना स्टार्ट करेंगे तो शुरुआत में थोडा रेस्ट चाहिए होगा और अभी आपके पास इतना टाइम नहीं है कि उसको रेस्ट करने में बर्बाद करें, आपने इस टाइम पे अपने रूटीन को खास चेंज नहीं करना है। पांच से सात बजे तक का टाइम है आपके पास, अब यह आपके ऊपर डिपेंड करता है कि आपको कौन सा सब्जेक्ट इंटरेस्टिंग लगता है कई को मैथ्स अच्छी लगती होगी, तो आप सबसे पहले मैथ्स पढ़ लीजिये या अगर आप लिटरेचर में इंटरेस्टेड हैं तो वो पढ़ लीजिये बस जो सबसे बोरिंग लगता हो उसे छेड़ना भी मत क्योंकि इस टाइम में नींद सबसे ज्यादा आती है और आ ही जाएगी इसलिए इन घंटो में आप इतना तो पढ़ लेंगे और काफी कुछ कर लेंगे। आपको एक्सपर्ट्स बताते हैं कि इतने टाइम का ब्रेक लो, इतने टाइम कंसंट्रेशन से पढ़ो। कंसंट्रेशन का मतलब यह नहीं है कि

आप 45 मिनट में 45 पन्ने पढ़ दो और आपको समझ कुछ भी न आये, उससे अच्छा है पढ़ना शुरू करो बिच बिच में अगर पानी पीना है तो चले जाओ, कोई फोकस नहीं टूट रहा अगर आप नहीं जाओगे तो आपका दिमाग वही अटका रहेगा कि पानी पीना था अब उसके बारे में सोच के फोकस बिगाड़ने से अच्छा तो आप पानी पी ही आते।

- **9 से 11**

अब इसके बाद मैंने आपको दो घंटे का ब्रेक दिया है कि आप उस टाइम में जो भी करना है नहाना, फ्रेश होना, खाना खाना थोड़ा बहुत घूम लेना, माइंड फ्रेश कर लेना इन सब चीज़ो के लिए दो घंटे काफी है, तो इन दो घंटो को बहुत अच्छे से यूज़ करना। अब 9 बजे से 11 बजे तक आप वो सब्जेक्ट पढ़ो जो आपको सबसे बोरिंग लगता हो क्योंकि अब आप सो के उठ चुके हो, फ्रेश हो चुके हो, बाहर घूम चुके हो, पेट भर चुका है अब आपको नींद नहीं आने वाली और मोस्टली बच्चो के लिए सबसे बोरिंग सब्जेक्ट ज़्यादातर मैथ्स या साइंस ही होता है। तो यह टाइम है उन सब्जेक्ट्स को पढ़ने का, इसमें भी आपको वाशरूम जाना हो चले जाओ, अब आपने 4 की पढाई कर ली है। इस टाइम आप दिन में 10 घंटे गारंटी के साथ पढ़ ही लेंगे। अब इसके बाद आप 1:30 घंटे का ब्रेक लेलो। एग्ज़ाम टाइम है पता है कोई दिक्कत नहीं है आप जिस टाइम पढ़ रहे हो अगर उस टाइम सिर्फ पढ़ रहे हो तो आपकी पढाई ख़राब नहीं होगी।

- **12.30 से 2 बजे**

यह टाइम ऐसा होता है खास कर के बहुत आलस आता है, तो उस टाइम में ऐसे सब्जेक्ट्स पढ़ो जो सिर्फ थ्योरी हो जिनको आप लॉडली बोल बोल के पढ़ो ताकि आपको नींद न आये, जैसे कॉमर्स के लिए बिज़नेस हो गया बाकियों के लिए इंग्लिश, हिंदी तो है ही ऐसे सब्जेक्ट्स पढ़ो जिसमे आपको कुछ सोल्व न करना हो कोई स्ट्रेस न आये।

- **4 से 6.30**

अब दो बजे से चार बजे के बीच में जो दो घंटे का ब्रेक आपको मिला है इसमें आपको जितनी भी नींद आयी होगी वो आप पूरी कर सकते है, थोड़ा खा पी लिया, चाय वगैरह चार बजे फिर से पढ़ने बैठ जाओ अब इसके अंदर आप कोई भी सब्जेक्ट जो आपका बचा हो या जो आपने प्लान किया हो वो पढ़ लो ।और इसके बाद फिर से आपको दो घंटे का ब्रेक मिल रहा है जिस, में आप जो चाहे कर सकते हो और इसके बाद बस आपका लास्ट पढाई का स्लॉट।

- **7 30 से 9.30**

पूरे दिन में अब बस यह आपको लास्ट टाइम पढ़ना हैं इन दो घंटो में आप थ्योरी न्यूमेरिकल जो भी आपका स्ट्रांग नहीं है वो पढ़ो और इस के साथ आपके पूरे दिन में 10 घंटे की पढाई हो

गयी और आप को स्ट्रेस भी फील नहीं हुआ होगा क्योंकि आपको बीच में प्रॉपर ब्रेक्स मिलते रहे ।

यह टाइम टेबल आपके एग्ज़ाम शुरू होने से पहले के लिए है क्योंकि तब आप सब्जेक्ट्स को साथ में ले के चलना चाहोगे लेकिन अगर आपके एक्साम्स चल रहे हैं और आपका नेक्स्ट एग्ज़ाम मैथ्स का है तो आप चार स्लॉट्स मैथ्स को दे सकते हो और बाकि जो एक स्लॉट बचा उसमें आप दूसरा सब्जेक्ट पढ़ सकते हो।

2. इवनिंग

अगर आप रात को एक बजे सोते हो तो आप पूरे 7 घंटे की नींद ले लेते हो तो शायद आपकी नींद अच्छे से पूरी हो जाएगी आप सुबह 8 बजे उठिये फ्रेश हो जाईये और आप 9 बजे से पढ़ना स्टार्ट करिये और फिर वो ही जो बाकि मॉर्निंग स्टूडेंट्स के लिए था उन्ही स्लॉट्स में पढ़ लीजिये। अगर आप ट्यूशन पढ़ते हैं तो आप इन स्लॉट्स को अपने ट्यूशन टाइम में इंक्लूड करे तो आप उस टाइम भी पढाई ही कर रहे है, कहाँ कर रहे हैं उससे कोई खास फर्क नहीं पड़ता। और अगर इन स्लॉट्स और आपके टूशन टाइमिंग में डिफरेंस बैठ रहा है तो आप उसके अपने अकॉर्डिंग चेंज भी कर सकते हो।

अब आपको दोनों ही तरीके के टाइम टेबल्स के बारे में पता चल चुका है आप अपने अकॉर्डिंग और अपने नेचर के अकॉर्डिंग दोनों में से किसी भी टाइम टेबल को फॉलो कर सकते हो।

टाइम टेबल को फॉलो करने का तरीका:

रिमाइंडर लगाना

अपने आँखों के सामने कही भी दीवार, कप्बोर्ड या कही भी अपने टाइम टेबल को पेस्ट कर लीजिये जिससे आप जब भी कोई काम करने लगें तो आपको वो दिख जाये और आपको याद आ जाये के आपको पहले यह करना है।

लव लाइफ

स्टूडेंट लाइफ में बहुत टाइप्स की डिस्ट्रक्शंस आती हैं यह एक आगे ही ऐसी है जहाँ हम वोही करना चाहते हैं जो बाकि कर रहे हो भले वो अच्छा हो या फिर बुरा, हम बहुत ईसिली किसी भी आदत को अपना लेते हैं इन सबसे कॉमन डिस्ट्रैक्शन है वो है आपकी लव लाइफ या फिर जब आपका ब्रेकअप हो जाता है वो। अब कुछ लोग आपको सलाह देंगे कि आप इन चीज़ो में कभी भी नहीं पड़ो, लड़की को कहा जाता है कि लड़को से दूर रहो, लड़को को कहा जाता है लड़कियों से दूर रहो। लेकिन मैं कहूंगा के हर चीज़ की एक उम्र होती है और जब आप 15-16-17 साल की एज में आते हो तो आप ऑटोमेटिकली किसी न किसी लड़की या लड़के से अट्रैक्ट ज़रूर हो जाते हो और वो एक ऐसी चीज़ होती है कि आप न भी चाहते हुए, आप कितना ही खुद को रोकने की कोशिश करो वो हो ही जाता है।

जब आपके साथ ऐसा कुछ होता है तो आप दुनिया को एक अलग ही नज़रिये से देखने लगते हो, आप बहुत खुश रहते हो आपको आस पास जो भी हो रहा होता है वो अच्छा लग रहा होता है। आपको ये चीज़े कुछ नए एक्सपेरिएंसेस दे के जाती है जिस चीज़ का आपको ध्यान रखना है वो यह कि जिस भी

लड़के या लड़की के लिए आप ट्रक्टेड हैं वो आपकी ताकत बने कमज़ोरी नहीं, वो आपको सपोर्ट करे न कि उनकी वजह से आपको अपनी पढाई को एफेक्ट करना पड़े।

इस बुक के इस पार्ट में मैं आपको कुछ लव स्टोरीज सुनाऊंगा जो आपको पढाई वाली बातों से थोड़ा सा ब्रेक भी देगा और हो सकता है कि आप खुद को इससे काफी रिलेट कर पाएं। और आप चाहें तो इन्ही में से बहुत कुछ सीखने को भी मिल सकता है कि इस एज़ में आपको किन चीज़ो से बच के रहना चाहिए या कौन सी चीज़े नहीं करनी चाहिए।

लव स्टोरी - 1

ये बात उन दिनों की है जब मैं ग्यारवी क्लास में पढता था| नया स्कूल रोज़ स्कूल जाता तो था| लेकिन स्कूल के दोस्तों के साथ ज्यादा घुला नहीं था| मेरे ही स्कूल में एक लड़की नवमी क्लास में पढ़ती थी| रोज़ किसी न किसी बहाने वो हमारे क्लास आ जाती थी| कभी अपनी कॉपी चैक करवाने तो कभी बुक हाथ में लिए हमारे टीचर से कुछ पूछने आ जाती थी| आते जाते मुझे हल्का सा मुस्कुराते हुए देखती थी| एक दो बार उसने ऐसा ही किया तो मैंने उस पे गौर करना शुरू किया| अगली बार वो क्लासरूम में आई| और परिचित अंदाज़ में मुस्कुराते हुए मेरे पास खड़ी हो गई उसने मुझे कहा आपके पास नाइन्थ क्लास के नोट्स है क्या| और है तो क्या आप मुझे दे सकते है|

मैं चुप-चाप सुनता रहा कि इतनी सुन्दर सी लड़की मुझ से आके ऐसे शॉकड!!

कि मै इसे क्या कहूं कैसे कहूं| और तकरीबन मैं दो मिनट तक चुप रहा और शायद उसने इसका जवाब ना में समझ लिया| और इस बार वो टीचर से कॉपी चैक करा के वो सीधा चली गई| और पहली बार उसने मुझे घूर कर नहीं देखा मुझे बहुत बुरा लगा| शायद मै अपना जवाब टाइम पर नहीं दे पाया| वो वक़्त मुझे बहुत ख़राब सा लगने लग गया| जब सुबह का स्कूल, जाना वो ओस की बूंदे जो मुझे ओस की बूँदें लगती थी| चमकीली सी वो अब अचानक पानी में बदल गई| वो बारिशों का आना वो एक दम सा बहुत गन्दा सा लगने लग गया, वो स्कूल में जाना बहुत बेकार सा लगने लग गया| वो रस्ते का फूल जो हमेशा मुरझाया रहता था मुझे हमेशा लगता था इस से खुशबू आती है अचानक उससे भी अब खुशबू आना बंद हो गया| और ऐसा लगा किसी ने मेरे हिस्से की हवा रोक ली हो| सांसें ले तो रहा हूँ लेकिन कोई छीन सा रहा हो मुझसे|

इलेवेंथ के वो फाइनल एग्ज़ाम ऐसे कैसे निकला गए और हम टवेल्थ में आये और वो टेंथ में आई| अब उसका भी बोर्ड था और मेरा भी बोर्ड था हमने तय किया कि इस बार एक दूसरे को घूर के नफरत की नज़रो से न देख के पढाई पे कंसन्ट्रेट किया जाये| लेकिन सोचा अगर बात कुछ बन सकती है तो देखेंगे| पूरी टवेल्थ की क्लास में मैं हर बार यही अफ़सोस करता रहता था कि जिसे पूरा स्कूल चाहता है वो मुझे चाहती थी और

मैं समय पे अपनी बात कह नहीं पाया| और उसे ये बात न में लगी थी और इस बात को वो बहुत दिल से लगा बैठी| शायद वो मुझे अब कभी हां नहीं कहेगी| दिन बीतने लगे हम टवेल्थ कर गए| और शायद मेरे में इतनी हिम्मत नहीं थी कि फ़ोन पे उससे कुछ बातें शेयर कर पाऊं| जब फ़ोन उठाता था मेरे हाँथ कांपते थे| ऐसा ही करते दिन महीनो में महीने साल में बीतने लगे हम सब कॉलेज के फाइनल लेवल में आ गए| न जाने वो कहां चली गई| अब उसकी यादें महीनों में एक बार आती थी| लेकिन हां कुछ तो था उसमें जो मुझे उसकी याद दिलाती थी| धीरे धीरे मैं अपना कंसंट्रेशन अपने फाइनेंस में देने लगा| भईया का कैंपिंग सिलेक्शन भी था| अच्छी जॉब भी चाहिए थी| फिर अचानक एक दिन वो मेरे सामने आ गई| मुझे लगा नहीं ये वो नहीं है| लेकिन उसने मुझे घूर के देखा फिर एहसास हुआ कि शायद ये वही लड़की है| जो कभी नोटबुक चेक करवाने तो कभी क्वशचन पूछने हमारी क्लास में आया करती थी| और आज कई साल बाद वो मुझे मिली तो पुरानी बातें ताज़ा होने लगी| नज़रे मिलते ही इसी स्कूल की सीढ़ियों पर बैठ कर चाय की चुस्किया लेते हुए घंटो गप्पे लड़ाना| तब हम सिर्फ अच्छे दोस्त थे सबको ऐसा लगता था| पर हमारे बीच में कुछ तो था| और इन् सब से बेखबर वो और मैं इन दुनिया की सारी बातों को हंस कर टाल दिया करते थे| स्कूल बंक करके अपने अड्डे में फ्रेंड्स के साथ ढेरों घंटे गप्पे लडाना और बार-बार यह कहना कि हम दोनों के बीच दोस्ती से बढ़ कर कुछ भी नहीं है|

कई बार दोस्तों ने कहा भी कि यार कह दे मन की बात वो भी तुझे प्यार करती है| न जाने मुझे क्यों ऐसा लगता था कि इतनी हसीन लड़की जिसे पूरा स्कूल चाहता है| वो मुझे कैसे पसंद कर सकती है| आज वो इतने दिनों बाद मुझे मिली है| तो आज मै रुक नहीं सकता| और न ही समय मैं वेस्ट करूँगा। आज जब वो मुझे इतने दिनो बाद मिली है। तो मुस्कराहट से शुरुवात हुई मुलाकात लम्बी बात में कब निकल गई मुझे पता ही नहीं चला और मैंने तय किया कि आज मै एक मिनट भी लेट नहीं करूँगा| आज मै मिनट को सेकंड में बदलूंगा और अपनी बात बहुत जल्द ही कहूंगा लेकिन अचानक जब मैं ये बात कहने ही वाला था कि पीछे से एक आवाज आती है और वो आवाज सारी प्रोब्लेम्स का सलूशन निकाल देती है| उस आवाज़ में सिर्फ ये होता है कि अंजली तुमने अपना शादी का कार्ड डिसाइड कर लिया या उसमे मैं तुम्हारी हेल्प करूं उस टाइम मेरे चेहरे पर मायूसी नहीं थी मै मुस्कुरा रहा था| या शायद मुस्कुराने की कोशिश कर रहा था| और घंटो से चली हुई बात सिर्फ एक वर्ड में खत्म हो गई की फिर मिलेंगे |

लव स्टोरी - 2

दोस्तों एक स्टोरी है जो राजकुमारी और एक सिपाही की कहानी है| सिपाही को राजकुमारी से प्यार हो जाता है| वो अपनी जान की परवाह न करते हुए वो अपनी दिल की बात राजकुमारी से कह देता है| राजकुमारी कहती है कि तुम में ऐसा क्या है जो मै तुम से प्यार करू| तुम किसी सल्तनत के राजकुमार हो या

फिर कोई कवि या कलाकार हो या तुम ये साबित कर सकते हो कि तुम हमारी सल्तनत के सबसे बहादुर सिपाही हो| सिपाही कहता है कि न तो मै कवि और न ही मै कोई कलाकार हूँ| मै तो ये भी साबित नहीं कर सकता कि मै आपकी सल्तनत का सबसे बहादुर सिपाही हूँ| लेकिन मैं इतना जरूर साबित कर सकता हूँ कि इस दुनिया में मुझ से ज़्यादा आपको प्यार कोई नहीं कर सकता|

राजकुमारी ने कहा साबित करो| उसने कहा कि सौ दिनों तक मैं आपके महल के बाहर खड़ा रहूँगा| कितनी भी आंधी तूफ़ान आएगी मै हिलूंगा तक नहीं|

अगले दिन सिपाही वहां खड़ा हो गया दिन बीतने लगे| दस दिन बीत दिन, तीस दिन, पचास दिन, सत्तर, नब्भे दिन, निन्यानवे दिन, सौवे दिन पूरे ही होने वाले थे कि सिपाही वहा से चला गया। ?

दोस्तों मेरा ये सवाल है आप लोगो से कि सिपाही वहा से चला क्यों गया ? सौ दिन पूरे ही होने वाले थे| राजकुमारी तो उसे मिल ही जाती|

दोस्तों इस स्टोरी के एन्ड में बहुत दिनों बाद जाके पता चला कि सिपाही वहा से इस लिए चला गया कि अगर सौ दिन पूरे हो जाते और राजकुमारी नहीं आती तो वो ज़िंदगी भर अपने आप को कोसता रहता कि उसने एक पत्थर दिल से प्यार कर लिया| और सौ दिन पूरे होने से पहले वो चला गया| तो वो

ज़िंदगी भर इस अफ़सोस में रहता कि उफ़ राजकुमारी तो मुझे मिल ही जाती| मै खुद ही अपने वादे को पूरा न कर सका।

लव स्टोरी - 3

यह उस लड़की की कहानी है जिससे प्यार तो हुआ लेकिन उसका अधूरा रह गया| क्या वो कुछ सोचती है और कैसे वो अपने पहले प्यार को एक्सप्रेस करती है| पर वो कहते है न कि जितनी रफ़्तार से ये शहर चलता है उतनी ही थमी थमी ये स्टोरी होती है| कहने को तो शामे कटती नहीं है और दिन बीतते चले जाते है| तो वो कहती है कि लोगो को देख कर ऐसा लगता है कि इन्हे इंतज़ार है किसी के आने का| इन सब के बीच में इंतज़ार कर रही थी| लेकिन किसी के आने का नहीं बल्कि किसी के पास जाने का| अब मेरे मन में थोड़ी सी भी उलझन नहीं थी बस इंतज़ार था सिर्फ और सिर्फ उस से मिलने का| अगर थोड़ी बहुत उलझन बची भी थी| तो उसमे इतना भी दम नहीं था कि वो मुझे रोक सके| मुझे लग रहा था कि मै चिल्ला-चिल्ला के सारी दुनिया से कह दूं कि हां मुझे उस से प्यार हो गया है| और कल उस से इज़हार करने वाली हूँ पर बताऊं तो बताऊं कैसे काश मेरी कोई छोटी बहन होती| या फिर कोई दोस्त जिससे मैं अपने मन की बात कह सकू|

एक बार को तो मन किया कि मम्मी को ही कह दूँ| लेकिन मेरी उलझन तब और बढ़ गई जब मुझे ख्याल आया कि अगर उन्हे ये बात पता चल गई तो वो मेरा घर से बहार निकलना

बंद कर देंगे| उन्होने गाँव तो जरुर छोड़ा है पर वहां के विचार नहीं| वैसे भी पापा मम्मी इन चीज़ो पर कहा विश्वास रखते हैं| मेरी कहा सुनते हैं| हम गाँव से आके शहर में तो बस गए है| पापा उच्च पद पर सर्विस मैन भी है लेकिन उनके ख्याल अभी भी गांव वाले है| मैं किस के साथ शेयर करू अपनी लव स्टोरी| लेकिन मैं उसे भूल भी तो नहीं सकती क्योंकि उसको पसंद जो इतना करती हूँ| खैर छोड़िये|

ये उलझन दिमाग में लिए मैं अपने कमरे में आ गई| और हेड फ़ोन कान में लगाए एक रोमांटिक सा सौंग सुन ने लगी| बहुत सी थॉट्स मेरे मन में आने लगे कि कल सुबह जब मैं प्लेटफॉर्म में मिलूंगी उस से तो क्या कहूँगी पता नहीं वो कुछ कहेगा कि नहीं घूरता तो रहता है कभी कभी मुस्कुराता भी रहता है| जब तक मैं प्लेटफॉर्म में पहुँचू नहीं अपनी ट्रैन मिस करता रहता है| यह सब सोचते-सोचते नींद कहा आ रही थी| तभी अचानक मेरी नज़र सामने वाली दिवार पर पड़ी तो एक पेंडुलम घडी थी जो अपनी आवाज़ टिक-टिक करके बहुत इर्रिटेट कर रही थी| पता नहीं क्यों आज वो इतना स्लो क्यों चल रही थी।

अभी तक तो सिर्फ घडी में रात के ग्यारह बजे| पता नहीं ये सुबह कब होगी| मैं जैसे तैसे करवटे बदलती रही नींद तो मुझे आ ही नहीं रही थी| तभी मेरे मन में आया कि क्यों न कुछ लिखते है| कुछ यादें अपनी ताज़ा करते है| और मैं डायरी लिखती गई| हां मैं रेगुलर नहीं थी किसी दिन लिखा और किसी दिन नहीं लिखा| मुझे डायरी लिखना पसंद नहीं था लेकिन न जाने

क्यों उस दिन या उस समय या उस पल कुछ ऐसा था कि मेरा किया कि मैं कुछ लिखू और अचानक से मेरे चेहरे पर कुछ पानी की बूँदें आई मम्मी सुबह हो गई है तुम्हे कॉलेज जाना है| उस दिन मम्मी की वो पहली ही आवाज और मैं बैड से सीधे खड़ी हो गई| मम्मी ने कहा लगता है आज कुछ कॉलेज में कोई इम्पोर्टेन्ट लैक्चार है| मैं अंदर ही अंदर बहुत खुश थी| फिर अचानक मेरी नज़र घड़ी में गई| और मैंने देखा कि मैं बहुत लेट हो चुकि हूँ| मैं जैसे तैसे भागते हुए स्टेशन की तरफ बड़ी| मुझे लगा कि कहीं उसकी ट्रैन निकल तो नहीं गई होगी| जैसे ही मैं स्टेशन में पहुंची वो मेरा इंतज़ार कर रहा था| फिर तभी अचानक मेरे दिल ने कहा जा उस से अपनी दिल की बात कह दे| लेकिन तभी फिर से ख्याल आया कि शिट आज तो मैंने अपना मेकउप नहीं किया ओह शिट मैं ये भूल कैसे गई| और फिर सारा प्लान मैंने कैंसिल कर दिया| उसकी ट्रैन एक नंबर से गई और मैं तीन नंबर में थी वो राइट की तरफ निकला और मैं लेफ्ट की तरफ| पूरा दिन कॉलेज में मन नहीं लगा| शाम कट नहीं रही थी| और रात भी निकलनी थी और फिर से सुबह और ये सुबह होगी कब| इस बात का बहुत इंतज़ार सा था मुझे| वो दिन ऐसा लगता था कि मेरे और उसके सिवाए इस दुनिया में कोई है ही नहीं| सारी चीज़ें मेरे और उस से जुडी हुई थी| वो प्लैफॉर्म का होना वो ट्रैन का रुकना वो कॉलेज वो लैक्चेर वो घर आना वो सोना सारी चीज़ें कहीं न कहीं उसी के इर्द गिर्द घूम रही थी| फिर शाम हुई और इस बार मैंने डिसाइड किया आज की पूरी रात मैं नहीं सोऊंगी| क्योकि सुबह मेरी नीदं बहुत

लेट खुलती है| और मैंने ऐसा ही किया| पूरी रात मैं उसकी यादों में गुजारती रही| हर बार अलग-अलग तरीको से उसे अपना बनाती थी| और पता नहीं क्यों उसके खयालो में हर बार खो जाती थी|

अचानक घडी ने सुबह के छह बजाये और इस बार मैं हर दिन से दो घंटे पहले हूँ| मम्मी के आने पहले ही मैं फ्रेश हो चुकि थी| और इस बार तो मैंने मेकउप भी कर लिया था| और मेरे पास कोई बहाना भी नहीं था ना कहने का| और जैसे ही मैं प्लेट फॉर्म पर पहुंची वो मेरे से पहले आ चुका था| मुझे लगा कि मुझ से ज्यादा उसे जल्दी है लेकिन इस बार मैंने पहल नहीं की| क्योकि इंडियन कल्चर भी तो है| फिर अचानक मैंने देखा कि उसने कुछ इशारे किये उसके इशारे समझ तो नहीं आते थे लेकिन हां मेरे चेहरे पर एक मुस्कराहट जरूर दे देते थे| हमारे बीच बहुत कुछ हुआ इशारो में उसके बहुत से इशारे मैं समझ नहीं पाई| लेकिन हां मुझे लगा कि आज के लिए इतना काफी है| अगर पहले दिन ही मैं उसे प्रोपोज़ कर दूंगी तो शायद उस लव का मज़ा ही नहीं रहेगा| जो मेरी फ्रेंड ने मुझे बहुत पहले बताया था कि वो कशिश कि जब एक दूसरे से न मिलना सिर्फ इशारो में बात करना उसका मज़ा ही कुछ और है| शायद वो चीज़ मैं कही खो न दूं| मैंने उस दिन उस से कुछ भी नहीं कहा| मुझे लगा शायद वो पहल करेगा| धीरे-धीरे ऐसा चलता रहा| खैर आँखों से शुरू हुई बातें इशारो में तो आ गई| इस बात की मुझे बहुत जायदा ख़ुशी थी| अब समय के साथ धीरे-धीरे मैं उसके

इशारे भी समझने लगी थी| वो मुझे रोज़ कुछ न कुछ पागल पन करके मुझे हँसाता था| एक दिन तो उसने हद ही कर दी वो मुझे देख कर ज़ोर ज़ोर से गाना गाने लगा| इस से पहले कि मैं उस से कुछ कह पाती| इतने में स्टेशन मास्टर आ गए और उसने इसे पकड़ लिया| शायद मुझे भी उसके इसी बचपने से और पागलपन से प्यार हो गया था| उसे देख कर मुझे ऐसा लगता था कि जैसे मेरा बरसों का इंतज़ार खत्म सा हो गया हो| अब ज़िंदगी ने एक रफ़्तार पकड़ ली बस इसी दिन का इंतज़ार था| हम दोनों हर रोज़ स्टेशन में आकर अपनी अपनी मंज़िलों की ओर निकल जाते थे| न उसने कभी इस ओर आने की कोशिश की और न मैंने उस ओर जाने की कोशिश की| कोशिश तो हर बार करती थी| लेकिन अपने छोटे-छोटे बहनों की वजह से मैं जा नहीं पाती थी| कभी मेकउप छूट गया तो कभी मूड ठीक नहीं है| कभी सामने वाले ने सही से इशारे नहीं किये| और कभी ऐसा दिल करता था कि भाग कर उसके पास चली जाऊ| और उस से अपने दिल की बात कह दूँ| उस के साथ उस सफर पर निकल जाऊं जहाँ वो जा रहा है| लेकिन कभी मेरे दिमाग ने तो कभी मेरे दिल ने तो कभी मेरे पैर ने इस बात की इज़ाज़त नहीं दी| मुझे इस बात का इंतज़ार था कि पहले वो पहल करेगा| लेकिन आज मैंने ठान ली है कि कल सुबह जब मैं उस से मिलूंगी तो न कोई इशारे न कोई बात न कोई हंसी सीधा जवाब कि क्या तुम मुझ से प्यार करते हो या नहीं| मैंने कुछ ऐसा ही किया मैंने मेकउप भी किया मैंने अपने सारी ड्रेसेस भी सही से पहननी| मैं वहां गई और अपने आप को कोई एक्सक्यूज़ नहीं

दिया| लेकिन आज वो हर दिन कि तरह समय से पहले नहीं आया| मुझे लगा कोई नहीं शायद लेट हो गया होगा| आज थोड़ी बारिश भी थी| मुझे मालूम भी है वो थोड़ा भुलक्कड़ था| शायद उसने छाता नहीं लिया होगा और रास्ते में कहीं रुका होगा| अचानक उसकी ट्रेन आई और मुझे बहुत घबराहट होने लग गई कि वो अब तक क्यों नहीं आया| मुझे लगा कि शायद अब आएगा अब आएगा और अचानक उसकी ट्रेन फ्लेटफॉर्म से निकलने लग गई| मानो ऐसा लगा कि मेरा प्यार मुझ से छूट गया| मैं उस तीन नम्बर के प्लेटफॉर्म पर बैठी अकेली बैठी थी; क्योकि उस टाइम उस प्लेटफॉर्म पर बहुत ही कम लोग होते थे| मैं बहुत रोती रही| और रोना जायदा इस वजह से आ रहा था की आस पास कोई था नहीं।

और बस ये थी मेरी इतनी सी कहानी।

लव स्टोरी - 4

एक दिन चिड़िया बोली कि मुझे छोड़ कर कभी तुम उड़ तो नहीं जाओगे| तो चिड्डे ने कहा कि अगर मैं उड़ जाऊंगा तो तुम पकड़ लेना| तो चिड़िया ने कहा, मैं तुम्हे पकड़ तो सकती हूँ लेकिन पा फिर भी नहीं सकती| ये सुन कर चिड्डे के आँखों में आंसू आ गए| उसने अपने सारे पंख तोड़ दिए और बोला तुम्हारे साथ हमेशा-हमेशा के लिए रहूंगा| लेकिन एक दिन अचानक ज़ोर से बहुत तेज़ तूफ़ान आया| चिड़िया उड़ने लगी तभी चिड्डा बोला तुम उड़ जाओ मैं नहीं उड़ सकता| चिड़िया ने कहा अच्छा तुम

अपना ख्याल रखना और फिर कह कर वो उड़ गई| जब तूफ़ान थोड़ा शांत हुआ तो चिड़िया वापस आई तो चिड्डा मर चुका था और एक डाली पर ये लिखा था कि काश तुम एक बार यह कह देती कि मैं तुम्हे छोड़ कर नहीं जा सकती| तो शायद मैं तूफ़ान आने से पहले नहीं मरता|

ज़िंदगी के कुछ ऐसे शब्द होते है जो वाकई ही हकीकत में होते है| उन्हे आप जुठला नहीं सकते| जैसे माँ के सिवा कोई वफादार नहीं हो सकता| और गरीब का कोई दोस्त नहीं हो सकता| आज भी लोग अच्छी सोच को नहीं अच्छी सूरत को तर्ज़ ही देते है| इज़्ज़त सिर्फ पैसों की है इंसान की नहीं| और जिस शख्स को आप अपना ख़ास समझो अधिकतर वही शख्स दुःख दर्द देता है| गीता में लिखा है अगर कोई इंसान बहुत हँसता है तो अंदर से वो बहुत अकेला होता है। अगर कोई इंसान बहुत सोता है तो अंदर से वह बहुत उदास होता है| अगर कोई इंसान खुद को बहुत मजबूत दिखता है और रोता नहीं है तो वो बहुत अंदर से कमजोर होता है| अगर कोई ज़रा सी बात पे रो देता है तो वो बहुत मासूम होता है| और अगर कोई हर बात पर नाराज़ हो जाये तो, वो अंदर से बहुत अकेला और ज़िंदगी में प्यार की कमी महसूस करता है

लोगो को समझने की कोशिश कीजिये साहब| ज़िंदगी किसी का इंतज़ार नहीं करती| लोगो को एहसास कराइये कि वो आपके लिए कितने ख़ास है और अगर ज़िंदगी को पाना हो तो तरीके बदलिए इरादे नहीं| जिसके पास उम्मीद है वो लाखों बार हार

कर भी हार नहीं सकता| और ये हकीकत है| बादाम खाने से उतनी अकल नहीं आती जितने धोख़े खाने से आती है| और एक बहुत अच्छी सी सोच है कि आपका खुश रहना ही आपके बुरा चाहने वालो के लिए सबसे बड़ी सजा है| खूबसूरत लोग हमेशा अच्छे नहीं होते लेकिन अच्छे लोग हमेशा ख़ूबसूरत होते है| और दोस्तों बेहतरीन इंसान अपनी मीठी जुबान से जाने जाते है| वरना अच्छी बातें तो दिवार पर भी लिखी होती है| ये बात राइट है कि दुनिया में कोई भी काम इम्पॉसिबल नही है बस हौसला और मेहनत की सबसे ज्यादा जरुरत है| और लास्ट में मेरा खुद का ऐसा मानना है कि जिसे भुला न सको उसे हमेशा माफ कर दो| और जिसे माफ न कर सको उसे भुला ही देना|

हाउ टू ओवरकम डिप्प्रेशन

दोस्तों यह सवाल तो बहुत छोटा है लेकिन इसका जवाब ढूंढ़ना बहुत मुश्किल, बहुत ही पेचीदा, कितना भी सुलझाओ सुलझता ही नहीं है। मैं आपको डिप्रेशन से बाहर निकलने वाले वो 5 क्विक टिप्स नहीं बताने वाला हूँ, न ही कोई लिखी पढ़ी गूगल कि बाते चेपने वाला हूँ क्योंकि किताबो की बेड़ियां दिमाग की बत्ती नहीं जला सकती, मैं बस आपको वो चीज़े बताने वाला हूँ जो मैंने खुद फेस की हैं भले वो ख़ुशी, दुःख, डिप्रेशन कोई भी हो।

हम सबसे पहले यह जान लेते हैं कि डिप्रेशन है क्या ?

इसके कितने टाइप्स होते हैं, वो गूगल वाले नहीं डिप्रेशन के अलग अलग रीसन्स होते हैं, जड़ें अलग-अलग होती हैं किसी का डिप्रेशन फॅमिली से रिलेटेड हो सकता है, किसी का किसी से बिछड़ जाने का हो सकता है पर दोनों में एक चीज़ कॉमन है वो यह के हम कहीं न कहीं उन चीज़ो से दूर हो जाते हैं जिन्हे हम चाहते हैं। कुछ लोग हमारे साथ नहीं होते, और उनके न होने का ग़म हमारे अंदर डिप्रेशन बन के रह जाता है क्योंकि नौकरी छूट गयी तो दूसरी लग जाएगी लेकिन अगर कोई अपना आपसे दूर होता है तो बहुत मुश्किल होता है।

यह एक ऐसी चीज़ है जो किसी को दिखती नहीं है कभी कभी हमे खुद को भी फील नहीं होता लेकिन हम खुद ही खुद को खो देते हैं, हर कोई मूव आन नहीं कर पता इसलिए अगर तुम्हें ऐसा करने का मौका मिला है तो तुम्हें खुद को बहुत खुशनसीब समझना चाहिए। क्योंकि एहसास होना बहुत बड़ी चीज़ है, किसी डॉक्टर से पूछा गया कि किसी भी पेशेंट की सबसे बड़ी परेशानी क्या होती है तो उसने कहा कि किसी बीमारी का पता न चलना, प्रॉब्लम क्या है उसके लिए यही सबसे बड़ी प्रॉब्लम है, बीमारी उसके लिए प्रॉब्लम नहीं है बल्कि बीमारी का पता न लगना उसके लिए प्रॉब्लम है।

हमारे साथ भी कुछ ऐसा ही है दिन भर हम खोये रहते हैं नहीं पता हमारे साथ क्या हो रहा है। किसी ने बहुत खूब कहा है कि कोई शख्स है तो सही जो मुझे मेरी गलतियों से बचा रहा है, आपके साथ जो होता है वो आपके हिसाब से बहुत बुरा है लेकिन

दुनिया में सभी लोगो के साथ कुछ न कुछ बुरा हो रहा है। भले कुछ भी होता रहे दुनिया कभी नहीं रूकती सब चलता रहता है तो आप कैसे रुक जायेंगे आपको भी उस दुनिया के साथ चलते रहना होगा।

मैंने अपनी ज़िन्दगी से एक ही चीज़ सीखी है कि जब कोई काम करना न आये उसे करना शुरू कर दो| कुछ न कुछ तो उसमे समझ आने लगेगा ही, मैं आपसे यह चीज़े इसलिए कह पा रहा हूँ क्योंकि मैं शायद इन चीज़ो को फेस कर चुका हूँ, मैं इस दौर से गुज़र चूका हूँ।

अगर आप डिप्रेस्ड भी है और आपको कोई काम करना है तो एक बार उसे करने की ठान के देखो, डिप्रेस्ड होने को बहुत टाइम पड़ा है लेकिन आपको एक ज़िद की ज़रूरत है कि हाँ मैं यह चीज़ कर सकता हूँ और मैं कर के रहूँगा। जब कोई चीज़ छूट जाती है तो उसको ले कर अपसेट होना बहुत नार्मल है और शायद ज़रूरी भी है पर मेरा सवाल है कि आखिर कब तक ? आखिर कब तक आप एक इंसान या किसी एक ऐसी चीज़ जो अब आपके पास है भी नहीं उसके पीछे अपनी लाइफ में आने वाले लोगों और मौकों को ठुकराते रहोगे। आपको डिप्रेस्शन से बाहर निकलना है न तो अलग अलग किताबें मत पढ़ो इससे बाहर आने की बल्कि खुद कोशिश करो, जाओ पार्क में उन बच्चो के साथ एक बार खेल कर तो देखो अगर तुम दिल से न मुस्कुरा दिए तो मेरा नाम बदल देना।

गाइडलाइन्स फॉर पेरेंट्स

जब बच्चो के एग्ज़ाम होते हैं तो वो सिर्फ उनके एग्ज़ाम नहीं होते बल्कि उनकी फैमिली के एग्जाम्स होते हैं क्योंकि यह इतने इम्पोर्टेन्ट होते हैं कि पूरा परिवार उनके सपोर्ट में लग जाता हैं और बच्चो के एग्ज़ाम प्रिपरेशन और उनके रिजल्ट्स में पेरेंट्स का भी बहुत बड़ा कंट्रीब्यूशन होता है, तो आप जो भी इस टॉपिक को पढ़ रहे हैं मैं चाहूँगा के आप अपने-अपने पेरेंट्स को भी इसके बारे में ज़रूर बताएं क्योंकि इससे आपकी पढाई पे काफी फर्क पड़ सकता है, तो आप अपने पेरेंट्स को यह टिप्स ज़रूर पढ़ाइयेगा :-

1. हेल्प योर चाइल्ड टू मैनेज देयर टाइम

10th और 12th के स्टूडेंट्स के बिच में सबसे बड़ी प्रॉब्लम टाइम मैनेजमेंट होता है स्कूल, ट्यूशन और सेल्फ स्टडी और बाकि कामों के बीच में यह लोग किस तरीके से अपने बोर्ड एग्जाम्स पर फोकस कर पाएं ? पेरेंट्स होने के नाते आप इनके लिए एक अच्छा शैडयुल बना सकते हैं आप इनके पेरेंट्स हैं और मोस्टली चीज़े आपके अकॉर्डिंग ही चलती हैं और बच्चे आपकी बातें मानते भी हैं इसलिए आप उन्हें पढाई और बाकि चीज़ो को बैलेंस करने का एक रूटीन बना कर दे सकते हैं।

आपको अपने बच्चो से बात करनी चाहिए कि उन्हें पढने मे क्या दिक्कत आ रही है अगर उन्हें कही टाइम की दिक्कत आ रही है तो आप उनके रूटीन से उन चीज़ो को निकाल सकते हो जो ज़रूरी नहीं हैं।

2. बी देयर फॉर दैम

आपको शायद अंदाज़ा भी न हो कि आपके सिर्फ इमोशनल सपोर्ट से भी आपके बच्चे को कितना मोटिवेशन मिलता है, आप भले ही फिजिकली उनके पास न हो, अगर आपके बच्चे हॉस्टल में रहते हैं और अगर आप बस उनको टाइम टू टाइम ये पूछते हैं कि उनकी पढाई में क्या चल रहा है तैयारी में कोई दिक्कत तो नहीं आ रही, और उनको बताएं के आपको पूरा भरोसा है कि वो अच्छे नंबर के साथ पास होंगे, आपका इतना करना मात्र ही उनके लिए किसी मोटिवेशनल बुक से ज़्यादा होगा। बोर्ड्स ऐसी चीज़ है जहाँ बहुत होशियार से होशियार बच्चा भी घबरा जाता है इसलिए आप टाइम निकाल के उनके ऊपर ध्यान ज़रूर दें।

3. डोंट कम्पेयर दैम विद अदर्स

आपने बहुत लोगो को यह कहते हुए सुना होगा कि अपने बच्चो को किसी से कम्पेयर मत करिये यह बात जो है सही मायने में बहुत इम्पोर्टेन्ट है। हर बच्चा अलग होता है और आपको उनकी अलग क्वालिटीज़ को अप्रीशीएट करना चाहिए।

अगर आपका बच्चा पढाई में ज़्यादा अच्छा नहीं है उसके ग्रेड्स बाकि बच्चो से कम हैं तो इसमें न तो आपको निराश होने कि ज़रूरत है और न ही उनको इस बात का एहसास दिलाने की ज़रूरत है कि वो कमज़ोर है बल्कि आपको इस चीज़ पे ध्यान देना चाहिए कि वो किसी दूसरी चीज़ में अच्छे हैं। हर बच्चे की अपनी एक स्पेशलिटी होती है आप कभी भी अपने बच्चे को खुद को कम न समझने दें क्योंकि सिर्फ मार्क्स उनका फ्यूचर या उनका टैलेंट डेफाइन नहीं कर सकते।

4. मोटीवेट दैम विद रिवार्ड्स

आप जब अपने बच्चो के बचपन में उनकी छोटी छोटी अचीवमेंट्स को अप्रिशिएट करते थे तो उनके अंदर आगे और अच्छा करने की भावना आ जाती थी लेकिन अब शायद टाइम के साथ और उनकी बढ़ती उम्र के साथ आपने करना बंद कर दिया है इसलिए शायद उनमे भी मोटिवेशन की कमी हो गयी है। याद रखिये जब तक हमे कोई फायदा नहीं मिलता हमारा किसी भी काम को करने में इंटरेस्ट नहीं रहता| इसलिए अपने बच्चो को छोटे छोटे या बड़े बड़े अपने अकॉर्डिंग रिवार्ड्स दीजिये। उन्हें कहिये कि अगर वो बोर्ड्स में इतने इतने परसेंट मार्क्स लाते हैं तो आप उन्हें वो चीज़ दिलाएंगे जो वो काफी टाइम से डिमांड कर रहे थे।

5. रिमूव डिस्ट्रक्शंस

आप अपने बच्चे को अच्छे से जानते हैं कि वो पूरा दिन में क्या करता है इसलिए आपको यह भी पता होगा कि वो किसमें टाइम बेस्ट करता है, आपको उनपे रोक नहीं लगानी है पर बस उन्हें मॉनिटर करना है कि वो डिस्ट्रक्शंस की तरफ ज़्यादा न जाएं, वैसे लायक स्टूडेंट्स खुद में इतने मच्योर होते हैं कि वो खुद से अपने को डिस्ट्रक्शंस से दूर कर सकें लेकिन फिर भी अगर आपको ऐसा कुछ दिखता है कि वो ज़्यादा डिस्ट्रक्टेड हैं तो आप उन्हें ज़रूर रोकें, टीवी देखने, फ़ोन यूज़ करने का एक लिमिटेड टाइम बना दें।

6. टेक रिवयुज

एग्ज़ाम ख़तम होने के बाद सब पेरेंट्स ही अपने बच्चो से यह ज़रूर पूछते हैं कि उनका एग्ज़ाम कैसा हुआ और उनके कितने मार्क्स आ जायेंगे लेकिन अगर आपके बच्चे का एग्ज़ाम अच्छा नहीं हुआ है तो उसे डांटने के बजाये उसका रीज़न पता कीजिये कि एग्ज़ाम ख़राब होने का कारण क्या था और उसे किस तरीके से दूर किया जाये जिससे वो जो भी ग़लती है दोबारा रिपीट न हो और आगे आने वाले एग्जाम्स में वो अच्छा परफॉर्म कर पाएं।

7. कन्क्लूजन

हर बच्चा हर बच्चे से डिफरेंट होता है, आप उनके पेरेंट्स हैं और आपसे अच्छी तरह उन्हें कोई भी नहीं जानता, आप जितना

हो सकें उनकी हेल्प करें लेकिन एक लिमिट तक क्योंकि उन्हें ऐसा लगना चाहिए कि आप उनकी लाइफ में हैं। जितना हो सके आप उन्हें सपोर्ट करें और उनको ग्रो करने में हेल्प करें।

वो १० चीजें जो सक्सेसफुल लोग कभी नहीं करते

दोस्तों आज का हमारा एक ऐसा टॉपिक है| आज एक ऐसे इंसान के बारे में लिखने वाला हूँ| जो एक एन्टरप्रेन्योर तो है ही लेकिन साथ में बिज़नेस में आने वाले तीस साल बाद क्या चेंजेस होंगे उसको अभी से भाप लेते है| वो उस चीज़ को अपने अंदर नहीं रखते अपने ऊपर इम्पलीमेन्ट नहीं करते वो लोगो को चिल्ला चिल्ला के बताते है| अगर तुम्हे लेना है उस चीज़ का ज्ञान तो लेके अपना बिज़नेस एम्पायर बड़ा कर लो नहीं तो कोई बात नहीं|

उनका तो काम है लोगो से कहना। जी हां दोस्तों !आज मैं बात करने वाला हूँ। "जैक मा" के बारे में "जैक मा यन" का जन्म दस सितम्बर नाइंटी सिक्सटीफोर (1964) को हुआ था| ये एक चाइनीज़ बिज़नेस मैगनेट है इन्वेस्टर्स और फिलांथ्रोपिस्ट है| मतलब बहुत ज्यादा दान देते है| यही वो आदमी है जिसने चाईना में छोटे ऑनलाइन बिज़नेस और स्टार्टअप को बहुत ऊपर जाने के लिए बहुत ज्यादा प्रेरित किया| ये अलीबाबा ग्रुप के को-फाउंडर जो एक मल्टीनेशनल टेक्नोलॉजी कंपनी है इ-कॉमर्स में| इसका मार्किटकैब जो आज की डेट में वो है पांच सौ बिलियन

यूस डॉलर है| और दोस्तों मज़े की बात ये है कि ये भी एक गरीब फॅमिली से आये थे| वही नहीं उनको इंग्लिश नहीं आती थी| लेकिन इनमे भी इंग्लिश सीखने की बहुत चाहत थी| हालांकि चाईना में इंग्लिश लैंग्वेज इतनी आम नहीं थी| अगर आपको ये चीज़ सीखनी थी तो आपको किसी एक्सपेंसिव स्कूल में जैसे इंडिया में अगर आप रूलर एरिया में रहते है तो इंग्लिश सीखने के लिए आपको जहाँ मॉडर्न कल्चर हो ऐसी जगह पे आना पड़ता है| क्योंकि वहा पे इंग्लिश इतनी नहीं चलती| तो सेम हाल चाईना का था|" जैक मा" की फॅमिली के पास इतने पैसे तो थे नहीं लेकिन जो" जैक मा"की लाइफ रही वो स्ट्रगल तो रही और साथ में बहुत सारे ब्रेकआउट पॉइंट से भरी हुई थी| वो फिफ्थ क्लास में भी दो बार फेल हुए और आठवीं क्लास में वो तीन बार फेल हुए और" जैक मा" ने एक बार इंटरव्यू में बताया था कि उनके छह लोगो का परिवार था और सिर्फ सात डॉलर से काम चलाना पड़ता था| उनकी गरीबी से आप अंदाज़ा इस बात से लगा सकते है कि वो साल में एक बार सिर्फ चिकन खा पाते थे| लेकिन "जैक मा" वो कहते है न कि डेडिकेशन और विज़न क्लियर था कि भाई मुझे इंग्लिश सीखनी है तो सीखनी है| वो आठ साल की उम्र में सुबह पांच बजे उठते और पैंतालिस मिनट साइकिल चलाते और हिमजु होटल पहुंचते और उसके बाहर खड़े टूरिस्ट से मिलते और उनके लिए वो फ्री गाइड का काम करते थे और उनके साथ रह कर उनसे इंग्लिश सीखते थे|" जैक मा" बताते है कि उनको इंग्लिश लैंग्वेज से नहीं उनको वेस्टर्न कल्चर से भी बहुत प्यार था बहुत ज्यादा अट्रैक्शन था| वो कहते है

क्योंकि उनका असली नाम" जैक मा" था ही नहीं उनका जो नाम था" मा यन"अपने शहर में वो एक गाइड की तरह काम करते थे तो एक फॉर्नर लेडी ने कहा क्योंकि उनका नाम प्रोनाउनस करना बहुत मुश्किल है इसी लिए उनको जैक नाम दे दिया गया और वही नाम" जैक मा" आज तक बोलते आ रहे है|" जैक मा" अपनी इंग्लिश की पढाई" होवार्ड यूनिवर्सिटी" से करना चाहते थे उन्होने होवार्ड में दस बार अप्लाई किया लेकिन उनके एप्लीकेशन रिजेक्ट होता गया फिर बाद में उन्होने होंजुओ यूनिवर्सिटी है वहां पे एडमीशन लिया|

उन्होंने इंग्लिश में अपनी ग्रेजुएशन पूरी करके बहुत सी छोटी बड़ी कंपनी में अप्लाई किया| लेकिन उन्हें हर बार रिजेक्शन ही मिले| उन्हें तीस अलग-अलग जॉब्स में अप्लाई किया पर जहाँ जहाँ गए हर बार रिजेक्शन मिला| आप इनसे इंस्पायर हो सकते है कि लाइफ में एक बार रिजेक्ट होते है दो बार रिजेक्ट होते है| और उसके बाद भी आप लोग सोचते है कि मैं कितना अनलकी हूँ मुझसे अब यह नहीं होगा|

टाइम मैनेजमेंट

१ एक स्टूडेंट के लिए समय प्रबंधन जरुरी क्यों है :-

आज कल की जनरेशन इतनी बिजी हो गई है कि किसी के पास टाइम ही नहीं होता कि वो अपने फैमिली को, फ्रेंड्स को थोड़ा टाइम दे सके| अगर ये देखा जाए तो इसमें हमारी ही गलती होती है क्योंकि हम अपने टाइम को अच्छे से इस्तेमाल नहीं कर पाते|

समय कम नहीं होता दरअसल हम लोग हमें जो टाइम मिलता है उसको अच्छे से इस्तेमाल नहीं कर पाते| जो स्टूडेंट होता है वो अपने टाइम का खुद पायलट होता है :- क्योंकि ये उसके हाथ में ही होता है कि उसको अपना टाइम कैसे इस्तेमाल करना है|

तो, यहाँ पे कुछ टिप्स दी गई है कि हम अपने टाइम का इस्तेमाल अच्छे रूप में कैसे कर सकते है :-

२ भटकाव से दूर रहें :-

इस में यह है कि हमें अपना दिमाग फालतू चीजों की ओर अट्रैक्ट नहीं करना चाहिए|

मोबाइल, टीवी इन् सब चीज़ो से दूर रहना चाहिए| क्योंकि ये हमारा समय बर्बाद करवाता है|

तथा जो काम उस समय के लिए निकला है वो उसी समय में खत्म करे|

३ टास्क पर फोकस कैसे करें :-

हर काम को हमें जिम्मेदारी से करना चाहिए| आपको जो भी काम दिया जा रहा है उसे ध्यानपूर्वक और ईमानदारी से करें| इनफैक्ट अपने समय के साथ हेरा फेरी न करें| हम एक वक़्त में जो काम कर रहे होते है हमें उसी काम पे अपना फोकस रखना चाहिए ना कि दूसरे काम की टेंशन लेनी चाहिए|

४ हमें अपने कामों की एक स्कीम तैयार करनी चाहिए :-

हमें जो भी काम करना है हम उनकी एक लिस्ट बना कर तैयार कर सकते है| इससे किसी कार्य को कितने समय में पूरा करना है इसकी पूरी जानकारी होने से आप समय रहते ही काम को पूरा कर सकते हैं|

उदाहरण:- जैसे आपके एग्ज़ाम नजदीक आ रहे है अगर हम ये ठान लें कि हमें कौन से सब्जेक्ट का काम किस वक़्त खत्म करना है तथा सिलेबस को कितना टाइम देना है| तो ऐसे आप अच्छे से अच्छे मार्क्स ला सकते हो:-

५ चेक लिस्ट का उपयोग करे :-

हमे रोज़ाना चेकलिस्ट को चेक करना चाहिए ताकि हमारा कोई भी काम रह न जाए| अगर कोई काम अधूरा रह गया है तो उसे समय के अनुसार कम्पलीट कर लें| इस से हमारा कोई भी काम पेंडिंग नहीं रहेगा|

इम्पोर्टेंस ऑफ़ पाजिटिविटी इन स्टूडेंट लाइफ

"Negative minds never Attract positive results"

लोग आपको हमेशा पुश करते रहते हैं कि हमेशा पॉजिटिव रहो वो आपको अलग अलग तरह की वीडियोज दिखा देंगे अलग अलग कोट्स सुना देंगे जो पाजिटिविटी के ऊपर होंगे लेकिन आप सोचोगे के यह पाजिटिविटी आये कहा से क्योंकि आपको कहीं से भी कुछ पॉजिटिव होता हुआ नज़र नहीं आ रहा होता। पाजिटिविटी लगती तो एक छोटी सी और सिंपल सी चीज़ है लेकिन इसे आप अपनी लाइफ में इम्प्लीमेंट करना चाहते हैं तो उसके लिए आपको बहुत प्रैक्टिस लगेगी क्योंकि ह्यूमन नेचर में ही हर चीज़ का नेगेटिव आस्पेक्ट पहले देखना और उसके बाद उसके पीछे की पॉजिटिव चीज़ को देखना है।

हमारा माइंड बचपन से ही ऐसे ट्रेंड होता है कि हम सबसे पहले खतरों को ही देखते हैं जिससे हम खुद को उस खतरे के आने से भी पहले प्रोटेक्ट कर सकें पर यह मैकेनिज्म पहले चला करता था अब नहीं क्योंकि अब यह थिंकिंग हमारे रस्ते में अड़चन बनती है| इसलिए हम क्या सही हो सकता है से ज़्यादा क्या गलत हो सकता है उसपे फोकस करते हैं|

स्टूडेंट्स बहुत सारे प्रेशर्स फेस करते हैं भले वो पेरेंट्स से हो टीचर्स से हो या किसी और से इन चीज़ो से बहार आने के लिए आपको प्रिप्रेशन तो चाहिए ही लेकिन एक पोजिटिव थिंकिंग की भी ज़रूरत होती है।

आप अपने आप को ज़्यादा और हर टाइम पॉजिटिव कैसे रख सकते हो उसके कुछ टिप्स हैं :

1. गॉसिप और कंप्लेंट करना बंद करें

आपको अपनी लाइफ में पाजिटिविटी लाने के लिए जो सबसे पहली और बहुत अच्छी चीज़ सीखनी है कि किसी को भी नीचा दिखाने से आप ऊपर नहीं हो जाओगे, आपको ऐसी किसी चीज़ के बारे में कंप्लेंट नहीं करना है, कि मेरे पास ऐसा क्यों है मेरे पास ऐसा क्यों नहीं है क्योंकि यह चीज़े सिर्फ आपकी एनर्जी ड्रेन करता है और आपको ज़्यादा से ज़्यादा नेगेटिव बनाता है और आपको यह बात पता होनी चाहिए कि जब आप किसी और के बारे में गॉसिप या किसी की बुराई करते हो तो आप उनसे इन्सेक्युर होते हो और आपको कहीं न कहीं लगता है कि वो आपसे बेहतर है इसलिए अगर ऐसा कुछ भी है यह उनसे जेलस होने के बजाये उनके जैसा बनना चाहिए उन्हें अपने आइडियल की तरह लेना चाहिए।

2. आपके थॉट कितने प्रैक्टिकल है इस बात को समझें

नेगेटिविटी के ऊपर ज़्यादा ध्यान देना आपकी एंग्जायटी का कारण बन सकता है। जिस दिन आपको पता चलने लग गया

कि आप जो सोच रहे हो वो गलत है उस दिन से आपके अंदर पाजिटिविटी आनी शुरू हो जाएगी क्योंकि जब आप सही को सही गलत को गलत कहना सीख जाओ, और उसमे आप खुद इन्क्लुड हो तो यह सक्सेस की तरफ एक बड़ा स्टेप होता है। अपनी खुद की मेंटालिटी को एग्जामिन करना कई बार बहुत ज़रूरी हो जाता है| यह जानने के लिए कि आप जो टेंशन या स्ट्रेस ले रहे हो उसे लेने का कोई मतलब भी है या नहीं।

3. इनक्रीस होपफुलनेस

रेगुलर प्रैक्टिस करने से आपको बहुत बड़े बड़े चैलेंज एक्सपीरियंस हो सकते हैं, इसलिए पास्ट पे अटके मत रहो और हमेशा याद रखो के एक बार आपके ऊपर कोई प्रॉब्लम आयी थी और आपको लगा था कि आप इस प्रॉब्लम से कभी बहार नहीं आ पाओगे लेकिन आपने उस प्रॉब्लम को भी फेस कर लिया था और सोल्व कर के बहुत आगे भी पहुँच चुके हो इसलिए जब वो हो गयी तो यह भी हो जाएगी| इसलिए कभी उम्मीद न छोडो क्योंकि वो कहते हैं न कि उम्मीद पे तो दुनिया कायम है। आप कोई भी स्किल्स प्रैक्टिस कर के सीख सकते हो लेकिन आपके अंदर की पोजिटिविटी ही है जो आपको बाकि लोगो से अलग बनाती है।

इम्पोर्टेंस ऑफ़ हेल्थी ईटिंग ड्यूरिंग एग्जाम्स

जब भी आप एग्जाम्स के टिप्स मांगते हैं या उनके बारे में पढ़ते हैं सर्च करते हैं आपको एग्ज़ाम देने के, आंसर लिखने के, याद करने की अलग अलग तरीको के बारे में सब जगह बताया जाता है पर एक ऐसी चीज़ जो बहुत इम्पोर्टेन्ट है उसके बारे में कभी कोई बात नहीं करता। यह एग्ज़ाम की टिप्स है हेल्थ और टाइम पर खाना पीना। जब आप पढ़ रहे होते हैं तो आप पढाई में इतना ध्यान देते हैं कि खाना पीना आपके दिमाग से निकल जाता है या आप उसे इग्नोर कर देते हैं। या फिर आपको खाना बनाना या खाना टाइम वेस्ट लगता है इसलिए आप अच्छे खाना खाने के बजाये चिप्स, कोल्ड ड्रिंक्स, कॉफ़ी, मैगी यह सब खा के गुज़ारा कर लेते हैं न तो आपकी भूख मिटती है न यह आपको कोई एनर्जी देता है।

यह चीज़ें आपकी एनर्जी को नौर ड्रेन करते हैं, आलसी बनाते हैं और आपके पेट में भी खराबी कर देते हैं। गलत डीसीजन आपकी हेल्थ और एग्जाम्स दोनों को ख़राब कर सकते हैं इसलिए आपको अपने एग्ज़ाम डेज में कुछ सिंपल टिप्स को फॉलो करना है जो आपको अभी बताऊंगा :

1. खाना स्किप न करें, एस्पेशली ब्रेकफास्ट

हमारी बॉडी का सबसे छोटा अंग होने के बावजूद भी ब्रेन हमारी बॉडी की टोटल एनर्जी का 20% यूज़ कर लेता है, यह सबसे छोटा तो है लेकिन इसका काम बहुत बड़ा होता है हर चीज़ सोचना, और फिर उसपे एक्शन लेना। इस ब्रेन को एग्जाम्स में कंसंट्रेशन से काम करने के लिए ग्लूकोस की एक परफेक्ट सप्लाई की ज़रूरत होती है। जब आप सुबह उठते हैं तो आपकी बॉडी को काफी घंटो से खाना नहीं मिला होता इसलिए उस टाइम आप लौ एनर्जी होते हैं। ब्रेकफास्ट आपके ब्रेन को पूरा दिन काम करने के लिए एनर्जी देता है जिसमे विटामिन्स और मिनरल्स इन्क्लुडेड होते हैं इसलिए ब्रेकफास्ट पूरे दिन का सबसे इम्पोर्टेन्ट मील होता है| आप एक बार तो लंच स्किप कर सकते हैं लेकिन एक हेल्थी और हैवी ब्रेकफास्ट लेना बहुत ज़रूरी होता है।

2. टाइम बहुत कीमती है इसलिए क्विक और हेल्थी मील चूज़ करें

एक बैलेंस्ड डाइट का मतलब होता है कि उसमे अलग अलग तरह के विटामिन्स, प्रोटीन्स और मिनरल्स हो। एग्ज़ाम टाइम में हम ऐसे खाने की तलाश में होते हैं जिसको खरीदना आसान हो, जिसको तैयार करने में टाइम न लगे और जिसमे ज़्यादा गड़बड़ न हो जिससे आप ज़्यादा से ज़्यादा टाइम अपनी पढाई को दे सकें। अगर आप घर से दूर रहते हैं तो आपके लिए यह

स्ट्रगल बड़ी हो जाती होगी क्योंकि घर पर तो मम्मी आपको खुद ला के अच्छा खाना दे देती हैं। तो ऐसे में आप हाई फैट्स, हाई कोलेस्ट्रॉल वाले खाने कि बजाये कुछ ऐसा खाये जो आपको अच्छी एनर्जी दे।

ब्रेकफास्ट के लिए बेस्ट चीज़ है- ब्रेड, एग, दूध, जूस, कॉर्नफ़्लेक्स जो आपके लिए हेल्थी भी है और बनाने में आपका ज़्यादा समय भी नहीं लगेगा।

3. कीप हाइड्रेटेड

डिहाइड्रेशन आपको थकावट, एंग्जायटी फील करवाता है सबसे बुरी बात है कि यह आपको बिलकुल भी कंसन्ट्रेट नहीं करने देता जो आपको पढ़ने में और अपनी बेस्ट प्रिपरेशन करने से रोकता है, जब भी आप पढ़ने बैठते हैं तो अपने साथ कुछ लिक्विड जूस या पानी, इवन जब आप एग्ज़ाम देने जाते हैं तो अपने पानी की बोतल ज़रुर साथ ले के चलें।

अपना चाय, कॉफ़ी, कोका कोला या बाकि सॉफ्ट ड्रिंक्स का इन्टेक जितना हो सकता है कम करें इवन उसे बिलकुल बंद ही कर दें क्योंकि यह ड्रिंक्स में कैफीन होता है जो हमारे ब्लड शुगर को एफेक्ट करता है और हमारी कंसंट्रेशन बिगाड़ देता है।

4. वर्क, रेस्ट एंड प्ले

आपने बचपन में वो कहावत तो सुनी होगी कि- “आल वर्क एंड नो प्ले मैक्स जैक आ डल बॉय। तो उसका मतलब यही है कि

आपको इतना भी नहीं पढ़ना है कि आप बिलकुल डल हो जाओ। आप जो भी पढ़ते या याद करते हो उस मैमोरी को लॉन्ग टर्म तक रखने के लिए आपको प्रॉपर रेस्ट की ज़रूरत होती है और आपकी बॉडी को रेस्ट के लिए नींद की ज़रूरत पड़ती है, इसलिए पढाई के बीच में आधे आधे घंटे का नेप लेना चाहिए जिससे आपका माइंड थोड़े थोड़े देर का रिलैक्सेशन ले सके। सीधा पढाई खत्म करने के बाद मत सोइये पढाई खत्म करने के बाद थोड़ा माइंड को रेस्ट दीजिये कुछ और रिफ्रेशिंग कीजिये और उसके बाद सोइये वर्ना अगर आप सीधा पढ़ने के बाद सोने की कोशिश करेंगे तो शायद आपको स्ट्रेस में नींद न आये।

अपने स्ट्रेस को रीलीज़ करने के लिए आपको थोड़ा सा फिजिकल एक्टिविटी करने की ज़रूरत है इसलिए आप पढ़ने के बाद जॉगिंग, स्विमिंग, एक्सरसाइज, योगा या फिर सिंपल वाक के लिए जा सकते हैं।

हाउ टू गेन कॉन्फिडेंस इन एग्ज़ाम

लोग कहते हैं कि किसी भी चीज़ को अचीव करने के लिए आपको इंस्पिरेशन और हार्डवर्क की ज़रूरत होती है, जिसका मतलब है आपको हार्ड वर्क करना है लेकिन करना भी स्मार्टली है, यह फिलोसफी हर जगह काम कर जाती है भले आप कही जॉब करने जा रहे हों या फिर आप किसी भी तरीके का एग्ज़ाम देने जा रहे हों, आपको हार्ड वर्क और स्मार्ट वर्क दोनों के बीच में बैलेंस बनाना आना ही चाहिए।

मोस्टली बच्चों के साथ एक कॉमन प्रॉब्लम होती है जिसका नाम है परफॉरमेंस एंग्जायटी या फिर लैक ऑफ़ कॉन्फिडेंस, जिसका मतलब है कि आपको एग्ज़ाम के बारे में सब पता है, उसका कंटेंट, उसकी इम्पोर्टेंस क्या आने वाला है क्या कैसे-कैसे करना है आपको सब पता है| लेकिन फिर भी आपको इस बात का डर लगता है कि आपने जो भी पढ़ा है या याद किया है आप उसको ढंग से रिप्रेजेंट कर पाओगे या नहीं।

नीचे दिए हुए कुछ टिप्स हैं जो बोर्ड्स के स्टूडेंट्स या और भी किसी भी तरीके के एग्ज़ाम देने वाले स्टूडेंट्स के लिए कॉन्फिडेंस बिल्ड करने में मदद करेंगे।:

1. प्रेपयर वेल

कॉन्फिडेंस बिल्ड करने के लिए अच्छे से तैयारी करने जैसा और कोई रास्ता ही नहीं हो सकता, आपको पूरा सिलेबस पता है तो आप हर तरीके के स्टडी मैटेरिअल को अच्छे से पढ़ के खत्म कर देंगे तो आपको खुद ही कॉन्फिडेंस आने लग जायेगा कि हाँ यार मुझे यह आता है।

पढ़ने का सबसे अच्छा तरीका है कि एग्ज़ाम से एक घंटे या कुछ मिनट से पहले अगर आप पूरा किताब को चाटने भी लग जाते हैं तो उससे कोई खास फर्क पडने वाला नहीं है, और इवन यह तो रिसर्च में प्रोव हुआ है कि जो स्टूडेंट एग्ज़ाम से पहले प्रॉपर रेस्ट ले के एग्ज़ाम देने जाता है वो उस बच्चे से अच्छा ही स्कोर करता है जो एन्ड मोमेंट पे सब पढ़ने की कोशिश करता है।

हमारे ब्रेन का एक ऐसा फंक्शन होता है जो हम नहीं जानते हम सोचते हैं के बस दिमाग का काम सोचना ही होता है ;लेकिन नहीं आपका दिमाग आपके दिमाग में जो भी डाटा है उसको स्टोर भी करता है, और यह स्टोर कब होता है जब आप सो रहे होते है, इसलिए जो बच्चे एक्साम् से पहले सोना इग्नोर करते हैं और भर-भर के पढाई करते हैं उनके दिमाग में वो चीजें स्टोर ही नहीं होती| जो वो पढ़ते हैं, वो ब शार्ट टर्म के लिए ही होती हैं और व एग्ज़ाम हॉल के अंदर जा के वो सब चीज़े भूल जाते हैं।

2. नोट व्हाट यू थिंक एंड लर्न

आपने यह ज़रूर सुना होगा आप जो याद करते हैं उसका 10% ही याद रहता है लेकिन जो आप सुनते हैं उसका आपको 20% याद रहता है, यह किसी रिसर्च में नहीं लिखा है लेकिन यह प्रक्टिकली ओब्सेर्वे किया गया है कि आप जो पढ़ते या लिखते हैं उससे ज़्यादा आप उस चीज़ को याद रख पाते हैं जो आप किसी से सुनते हैं या किसी को पढ़ाते हैं| इसीलिए जब आप क्लास में होते हैं तो उस टाइम नोट्स बना लेना बहुत ज़रूरी होता है क्योंकि उससे आपको दो दो बार उस चीज़ को रिवाईस करने का मौका मिलेगा।

याद किये हुए को याद रखने का एक और सबसे अच्छा तरीक यही है कि जो भी अपने पढ़ा है उसे आप किसी और के साथ शेयर करो या समझाओ, आप अपने दोस्तों के साथ अगर ग्रुप स्टडी सीरियसली करो तो उसमें आपको बहुत ज़्यादा फायदा हो सकता है क्योंकि वह अलग अलग डाउट पूछने वाले अलग अलग लोग होंगे और इससे आपकी मेमोरी में ज़्यादा चीज़े जाएँगी।

3. हैव आ पॉजिटिव एप्रोच

जब भी आप पढ़ने या एग्ज़ाम देने बैठते हो तो दोनों ही टाइम्स पे आपके ऐटिटूड से बहुत फर्क पड़ता है, आपका पॉजिटिव ऐटिटूड आपके परफॉरमेंस में बहुत मेटर करता है, आपका आपके माइंड को ओपन रखता है और आपने जो भी पढ़ा या याद किया

है उसे रिमाइंड करने में आपको कंसन्ट्रेट रखने में हेल्प करता है। कभी-कभी पॉजिटिव रहना बहुत मुश्किल होता है, एस्पेशलि जब आप कोई इम्पोर्टेन्ट टेस्ट या एग्ज़ाम देने जा रहे हो तो आपको स्ट्रेस रहता है और नेगेटिव वाइब्स आती ही रहती है, या फिर किसी ऐसे सब्जेक्ट का एग्ज़ाम हो जो आपको बहुत मुश्किल लगता हो ऐसे में आप मैडिटेशन करके अपने आप को शांत कर सकते हो और अपने आप को बार-बार याद दिला सकते हो कि आपने जो भी पढ़ा है वो आपको अच्छे से याद है।

4. अवॉयड टॉकिंग अबाउट एग्ज़ाम बिफोर एग्ज़ाम

कभी कभी स्ट्रेस रिलीज़ करने का बेस्ट तरीका होता है कि आप उस टॉपिक के बारे में ज़्यादा बात ही न करे या उसे टोटली इग्नोर करें और अपने माईंड को रिलैक्स करने दें, आपके लिए लास्ट मोमेंट पे इतने सारे सिलेबस को लेकर बैठने से अच्छा है कि आप एक मेन्टल ब्रेक ले लें।

5. डू मैडिटेशन

अपने आप को इतना स्ट्रेस देने के बाद अब टाइम आ जाता है| अपने माइंड को थोड़ा सा रिलैक्सेशन देने का जिससे वो और नयी नयी चीजों को अपने माइंड में स्टोर कर सके, नैप लेना, अच्छा खाना यह चीजें तो आपकी बॉडी का ध्यान रखने के लिए होती हैं लेकिन आपके माइंड को भी एक प्रॉपर रिलैक्स चाहिए होता है जो उसे मैडिटेशन से मिल सकता है रात की फाइनल

पढाई करने से पहले आप आधा घंटा या पंद्रह मिनट के लिए मैडिटेशन कर लीजिये जिससे आप पढाई के बाद एक अच्छी गुड नाइट स्लीप ले सकें।

बुरी संगत

कहानी

दो तोते एक बरगद के पेड़ पर रहने के लिए आये उन्होंने उस पेड़ पर अपना घोंसला बनाया उनके दो छोटे बच्चे भी थे| वे उनका बहुत अच्छे से ख़याल रखते थे। रोज़ सुबह वह दोनों तोते अपने बच्चों को घोसले में छोड़ कर खाना लेने के लिए चले जाते थे और शाम को लौटते थे। एक दिन जब वह दोनों खाने की तलाश में निकले तो एक शिकारी उनके दोनों बच्चों को उठा ले गया।

उन दोनों में से एक तोता शिकारी के चंगुल से उड़ निकला और एक साधु की कुटिया में जा बैठा, उस साधु ने उसे अपने पास ही रख लिया, वह तोता प्यार और सम्मान भरे शब्दों को सुन कर बड़ा हुआ वही दूसरा तोता शिकारी के परिवार के साथ रहा, वह एक पिंजरे में बंद रहता था। शिकारी और उसके परिवार वाले बहुत बद्तमीज़ थे उन्हें मान सम्मान करना नहीं आता था और उनकी भाषा भी बहुत बुरी थी।

एक बार एक मुसाफिर रास्ते से गुज़र रहा था तो वह शिकारी की झोपड़ी के बाहर बैठ के आराम करने लग, जब तोते को

लगा कि कोई बहार है तो वह चिल्लाने लगा कि तू यहाँ कर रहा है, जल्दी से यहाँ से भाग वर्ना मालिक से कह के तुझे गोली मारवा दूंगा, वह मुसाफिर यह सब सुन आगे बढ़ गया। वह जब उस साधु की कुटिया के पास पहुंचा तो तोते ने उस मुसाफिर का स्वागत किया और उससे कहा कि आप यहाँ जब तक चाहे रह सकते हैं आप हमारे मेहमान हैं। जब उस मुसाफिर ने उस तोते को देखा तो उसे लगा कि यह तो वही तोता है| वह मुसाफिर हैरान हुआ और उसने इस तोते से पूछा तो उसने मुसाफिर को बताया कि वह तोता उसका भाई होगा।

वो बचपन से शिकारी के घर में रहा इसलिए उसकी भाषा भी उनके जैसे हो गयी, और मैं एक साधु के साथ रहता हूँ इसलिए मेरी वाणी भी उन्हीं के जैसी है, उसने कहा कि- जैसी सांगत वैसी रंगत, अर्थात हम जिसके साथ रहते हैं उसी की आदत को अपनाते हैं। ज़्यादातर लोगों के लिए लाइफ में दोस्ती और दोस्तों की बहुत इम्पोर्टेंस होती है यह ऐसा रिश्ता होता है जो अमीरी गरीबी रंग रूप से बहुत ऊपर होता है।

कोई भी अच्छा दोस्त अपने दूसरे दोस्त की सक्सेस के लिए कहीं न कहीं ज़िम्मेदार होता है। कोई भी इंसान किसी एक भी दोस्त के बिना नहीं रह सकता क्योंकि हर इंसान को अपने मन अपने दुःख सुख को बाँटने के लिए कोई न कोई चाहिए होता है, हर इंसान को लाइफ की डिफरेंट स्टेजेज पर दोस्त रखना बहुत ज़रूरी होता है। सेम अगर आपके दोस्त अच्छे नहीं हैं तो उनकी बुरी सांगत का भी आपके ऊपर बुरा असर पड़ता है।

बच्चो की परवरिश और उनके संस्कारो के पीछे पेरेंट्स का इसमें बहुत बड़ा रोल होता है क्योंकि वह खुद अपने बच्चों के साथ दिन में मुश्किल से 3-4 घंटे बिताते हैं और उनके बच्चे आधे से ज़्यादा समय अपने दोस्तों के साथ बिताते हैं तो उनके अंदर उनकी आदतें अपनाने की प्रोबेबिलिटी बहुत ज़्यादा होती है।

बीइंग डेयर पेरेंट्स आपको कुछ चीजों का ध्यान रखना बहुत ज़रूरी है :

1. फाइंड डिटेल्स अबाउट देम

अपने बच्चों के दोस्तों के बारे में अलग अलग डाउट को दूर करने के लिए उनके बारे में छोटी से छोटी डिटेल्स रखिये कि वो कौन हैं, कहा रहते हैं, उनके माँ बाप क्या करते हैं, कैसी फॅमिली से हैं। आप किन तरीकों से अपने बच्चों की कंपनी के बारे में जान सकते हैं वह निचे लिखे हैं :

2. पॉजिटिव पेरेंटिंग

आपको अपने बच्चों के साथ एक फ्रेंडली रिलेशनशिप बना कर रखना चाहिए जिससे वो आपसे किसी भी तरीके की बात करने से हिचकिचाएं नहीं। उनसे उनके दोस्तों के बारे में बेसिक इनफार्मेशन लें जैसे उनका एड्रेस वगरह। अगर आप साथ कम्यूनिकेट नहीं करते और उनके साथ टाइम नहीं स्पेंड करते तो उनके और आपके बीच में कम्युनिकेशन गैप बढ़ता जायेगा और उनके लिए बस उनके दोस्त ही बचते हैं जो उनकी बातें सुनते हैं।

3. ओब्सर्व देयर मूवमेंट

अपने बच्चों की आउटडोर एक्टिविटीज पर ध्यान रखो कि वो कहा जाते हैं कौन से दोस्तों के साथ जाते हैं, उनके दोस्तों के पेरेंट्स से भी कांटेक्ट में रहिये अगर आपके बच्चे किसी बुरी सांगत में होंगे तो वह कभी अपने दोस्तों की डिटेल नहीं शेयर करेंगे।

4. अबनॉर्मल बेहेवियर

अगर आपके बच्चे बुरी संगत में हैं तो डेफिनिटली उनके बेहेवियर में भी बदलाव आएगा जो बुरा होगा और एक पैरेंट होने के नाते आप अपने बच्चे की वीयर्ड बेहेवियर, अजीब लैंग्वेज, मूडी, इरिटेटेड बेहेवियर को नोटिस कर लोगे तो आपको पता चल जायेगा कि आपका बच्चा कुछ गलत कंपनी में है

एक अच्छे पेरेंट्स होने का रोल निभाइये और अपने बच्चों को अच्छे लोगों के बीच रहना, अच्छी वाणी बोलना अच्छे कर्म करना सिखाइये जिससे वो और किसी कि बुरी सांगत न बने, जिससे उनका खुद का कल्याण हो और उनके साथ रहने वाले उनके दोस्तों का भी।

जरुरी एप्स फॉर बोर्ड स्टूडेंट्स

हर स्टूडेंट के मोबाइल में ये दस एप्लीकेशन जरूर होना चाहिए|

WIKIPEDIA:- विकिपीडिया जितने भी स्टूडेंट है उनके फ़ोन में होना चाहिए| क्योंकि अगर आपके पास नॉलेज नहीं होगी तो विकिपीडिया ऐप जब आप ओपन करेंगे तो सामने आपको दिखेगा| वहां पे कुछ न्यूज़ भी फ़्लैश होते रहते हैं कि करंट अभी क्या चल रहा है| इस वर्ल्ड वाइड क्या सब चीज़ें होती हैं थोड़ा सा वो न्यूज़ भी फ़्लैश करते हैं आपके इस एप्लीकेशन में| तो जैसे ही आप विकिपीडिया पे टाइप करते है इंडिया या जो भी आपको जिसके बारे में जानकारी लेनी है| जब आप यहाँ पे सर्च करते हैं तो उस से रिलेटेड सारी इनफार्मेशन यहाँ पे आ जाती है| साथ में यहाँ पे एक पॉप अप रहता है कि सेवंथ लार्जेस्ट जैसे हमारे इंडिया का जो कंट्री है वो साउथ एशिया का सेवेंथ लार्जेस्ट वाइडर में है| तो अगर मैं बात करूं पापुलेशन वाइज तो सेकंड नंबर में है| जैसे आपने सेवेंथ लार्जेस्ट पे क्लिक किया तो वो फिर बताता है कि सेवेंथ लार्जेस्ट में कौन कौन सी कंट्री आती है| तो सारी डिटेल आपको विकिपीडिया पर मिल जाती है| जब एक स्टूडेंट के फ़ोन में है तो आपके पास एक बंच ऑफ़

नॉलेज आती है| आप उसे सर्च करके डे बाय डे कुछ चीज़े पढ़ते हैं|

जब आप किसी से मिलते हैं| तो नहीं कहते है कि मैंने इसको नहीं पढ़ा, मैं इस बारे में नहीं जनता बल्कि आज मुझे इस बात का गर्व है कि जब मैं दस लोगों के साथ बैठता हूँ तो वहाँ पे जब भी कोई बात चलती है तो वहां पे मैं कुछ अपनी बात कह पाता हूँ| वहां पे तर्क वितर्क मेरे होते हैं वहां पे लोग मेरी बातों से सहमति या असहमति भी रखते हैं| ये नहीं कहते हैं कि अरे इसे देखो कुछ नॉलेज ही नहीं है| तो ऐसे एप्लीकेशन रखने चाहिए अपने फ़ोन में जहाँ से कुछ नॉलेज मिले कुछ हिस्ट्री कि नॉलेज हो और बहुत सारी चीज़ें आप इस एप्लीकेशन के थ्रू जान सकते हैं|

अब दोस्तों मैं दूसरे एप्लीकेशन की बात करूं| इसमें मैं आपको दो एप्लीकेशन के बारे में बताऊंगा| क्योंकि बहुत ज़रूरी है हमारे टास्क को रिमाइंड करने के लिए| कई बार जैसे कल नेक्स्ट डे हम क्या करेंगे| उसके लिए हम कहीं नोट बुक में लिख लेते हैं फिर वो पर्ची गुम हो गया लेकिन फ़ोन हमेशा हमारी पॉकेट में रहता है तो इसी लिए क्यों न हम फ़ोन को ही टूडू लिस्ट बना लें कई बार मैं कहता हूँ कि टूडू लिस्ट बना के क्या करना है| जैसे मैं हमेशा लिख के रखता हूँ कि मुझे क्या करना है|तो इसके लिए मैं आपको दो एप्लीकेशन रिकमंड करूँगा| एक तो है **ANY.DO** और एक है **TASK**| दोनों ही बहुत अच्छे एप्लीकेशन हैं| टास्क जो है वो गूगल का अपना है| और एनी डॉट डू ई

थिंक माइक्रोसॉफ्ट का है| लेकिन हमें एप्लीकेशन से मतलब है| तो जब आप इसमें एनी-डॉट-डू जायदा मैं प्रेफर करता हूँ| क्यूंकि यहाँ पे आलार्म लगाने का आप्शन है| और बहुत सारी चीज़ें है इस पे आप अपना स्टडी का फ्रेम वर्क लिखे, घर का जो काम करना है उसका फ्रेम वर्क की अलग-अलग आप सबको सिंक्रोनाइज़ कर सकते हैं और आलार्म सेट कर सकते हैं| कौन कौन से मेरे काम कम्पलीट हो गए हैं उसको चेक बॉक्स के थ्रू आप डोनेट कर सकते हैं| तो मुझे लगता है कि ये एक हर स्टूडेंट में टास्क वाला और या फिर एनी डॉट डू जो एप् है ये होना चाहिए क्योंकि ये आपके ई मेल से सिंक हो जाता है| चाहे आपके पास आई फ़ोन हो या चाहे कोई भी फ़ोन हो फर्क नहीं पड़ता क्योंकि जब वो ई मेल से सिंक होता है तो आप किसी भी फ़ोन में उस ई मेल आई डी को रन करते हैं तो वो चीज़ वहा भी शो होगी| तो इस से बेटर होगा कि आप हर बार उस चीज़ को देख पाएंगे और जो भी आपके डे बाई डे टास्क है उस चीज़ को कम्पलीट करेंगे| मुझे लगता है उसी से आपके रिमाइंडर कॉल्स जैसे मान लीजिये मुझे इस चैप्टर का ये टॉपिक ख़तम करना है तो मैंने उसे लिख लिया, सेट कर दिया और भूल भी गए तो वो रिंगिंग होगी और आपको याद आ जायेगा कि यार ये टॉपिक कवर करना है| तो आई थिंक ये बेस्ट एप्लीकेशन है दोनों जो आप अपने टास्क के लिए इनस्टॉल कर सकते हैं| दोनों नहीं जो भी आपको बेस्ट लगे उसे आप इनस्टॉल कर सकते हैं|

और दोस्तों नेक्स्ट एप्लीकेशन की बात करूँगा जो बहुत इम्पोर्टेन्ट है हर बच्चे के लिए क्योंकि उसको पेपर कहा से मिले हर बार दोस्त से ढूंढने होते हैं| तो एक ऐप है माय **CBSE GUIDE** इस एप्लीकेशन को आप जैसे ही इनस्टॉल कर लेंगे तो इसमें आप सिक्स से लेके ट्वेल्थ क्लास तक के सारे पेपर अवेलेबल होते हैं| सबके सलूशन अवेलेबल होते हैं| आर डी शर्मा के सोल्यूशन्स अवेलेबल होते हैं| पेपर्स हैं जिसे आप डाउनलोड कर सकते है, इनकी वेबसाइट भी है तो वहां से भी डाउनलोड करके और प्रैक्टिस कर सकते हैं| एग्जामिनेशन टाइम में जिस भी सब्जेक्ट का आपका पेपर है उसमें गैप मिला है तो उसके पेपर को आप प्रिंटआउट निकालिये घर बैठ के आराम से कर सकते हैं| तो एक एप्लीकेशन होनी जरुरी है कि कभी बैठे हैं कि किसी पेपर का लास्ट टाइम फॉर्मेट कैसा था तो आप चेक आउट कर सकते हैं| तो एक स्टूडेंट के लिए उसके मोबाइल में ऐसे ऐप का होना बहुत इम्पोर्टेन्ट है|

तो दोस्तों मैं एक बड़े ही इंटरेस्टिंग ऐप के बारे में बताऊंगा जिसका नाम है **Photo Math**| ये भी एंड्राइड में अवेलेबल है और ये आई फ़ोन में भी है| तो इसका इंटरस्टिंग पार्ट क्या है कि जब आपको ए प्लस बी का होल स्क्वायर तो मालूम है लेकिन उसको सोल्व कैसे करें| तो जब आप घर पर बैठे रहते हैं और जब किसी चीज़ का सलूशन न मिले तो इस आप को डाउनलोड करके उसको आप स्कैन करेंगे तो उसका सलूशन आ जायेगा आपके पास| तो बहुत ही अच्छा तरीका है मैथ्स को

सॉल्व करने का बहुत ही अच्छा ट्रिक है| साथ में कहूंगा कि पार्ट टाइम ट्विटर है आपके लिए, जब आपके पास टीचर न हो और आपको कोई क्वेश्चन कैसे करना है तो उसके लिए ये एप बेस्ट है| जब भी आपको किसी का आंसर ढूंढ़ना है तो बस स्कैन किया और उसका आंसर आ गया| तो बहुत अच्छा है कैलकुलेशन करने में बड़ी लम्बी चौड़ी कैलकुलेशन स्कैन मारो फिर आंसर आपके सामने है| तो ये भी एक एप्लीकेशन आप अपने फ़ोन में रख सकते हैं| जिस से आप मैथ्स की चीजों को बहुत ईज़िली सोल्व करके अपना टाइम बचा सकते हैं| पेपर में नहीं कर सकते लेकिन घर में कर सकते हैं| लेकिन मैं ये भी कहूंगा कि इस एप्लीकेशन का जायदा यूज़ मत करना कैलकुलेशन में फोकस करना इस से आपकी स्पीड बढ़ेगी|

तो दोस्तों नेक्स्ट ऐप है जो बहुत ही इंटरस्टिंग है जिसका नाम है **Exam Coundown**, **Coundown** से आप समझ ही गए होंगे कि अगर बस चार दिन बचे हैं, दो दिन बचे हैं या एक दिन बचा हैं एग्जामिनेशन में तो इस ऐप में क्या होता है कि सारी चीज़ें फिट कर देते हैं| आपका जो पेपर का schedule कि दो तारीख को एग्ज़ाम है| फिर सात तारीख को एग्जामिनेशन सारा फिट कर देते हैं वो Coundown कि तरह आपके मोबाइल में वर्क करता रहता है कि भाई अब इतने दिन बचे हैं एग्जामिनेशन में इतने दिन बचे हैं और साथ में आप नोट्स वगरह भी लिखना चाहते हैं तो वो भी इसके अंदर फ़ीचर्स हैं| लेकिन बेसिकली इसको Coundown के लिए रखते हैं कि भाई

एग्जामिनेशन में इतना टाइम बचा है या दस दिन बचे हैं| ऐसी चीज़ें जब सामने आती हैं न तो पढ़ने का मन करता है कि अरे अब सिर्फ दस दिन बचे हैं चलो यार अब पढ़ते हैं| तो मुझे लगता है कि ये भी एप्लीकेशन आपके मोबाइल में होनी जरुरी हैं| कुछ लोग और भी चीज़ों के लिए इस्तेमाल करते हैं जैसे फेस्टिवल है कुछ भी है लेकिन आप इसको एग्जामिनेशन के लिए रखेंगे तो ज्यादा बेस्ट है|

तो दोस्तों नेक्स्ट ऐप कि मैं बात करूंगा मैं **MicroSoft Office lens** ये एक ऐसा एप्लीकेशन है जब आपके पास कोई नोटबुक है उसकी स्क्रीन शार्ट लेनी है आपको जैसे किसी बच्चे ने नोटबुक दी तो आप उसकी स्क्रीनशोट लेके आप उसको पी.डी.फ में कन्वर्ट या पीपीटी बना सकते है| तो अगर आपको प्रेजेंटेशन बनाना है उन डाक्यूमेंट्स का चीज़ तो आई थिंक इसको आप इस्तेमाल कर सकते हैं और मैं आपको एक और तरीका बताऊंगा कि जो गूगल का डॉक्यूमेंट होता है न गूगल डॉक्यूमेंट तो कोई भी पिक्चर को लीजिये उस डॉक्यूमेंट में सेव करिय| उसके सारे टेक्स्ट बाहर आ जाते हैं तो आई थिंक ये एक तरीका है जब भी आप इस तरीके से करेंगे तो जितने भी टेक्स्ट् जो भी आपके फोटो में टेक्स्ट है वो सारा आपके टेक्स्ट फॉर्म में आ जायेगा| तो बहुत ही अच्छा ये गूगल का एक फीचर है जिसे हम इस्तेमाल कर सकते हैं| जिससे कि पिक्चर से टेक्स्ट को बाहर निकलना जिसमें आपको आसानी हो जाए उसको बार बार टाइप करने में|

तो दोस्तों नेक्स्ट एप्लीकेशन ये है जिसका नाम है **Maths Trick** इसमें क्या होता है कि बहुत सारी चीज़ें मिल जाती हैं| किस तरीके से सोल्व कर सकते हैं क्वेश्चन को| फॉर्मूले को कैसे सिंक्रनाइज़ करना है और बहुत सारे लिखे जियोमेट्रिक से लेके और उसमें प्लस माइनस से लेके आपको डेरिवेशन और इंटीग्रेशन अलजेब्रा सारे जितने भी फॉर्मूले होते हैं ट्रिग्नोमेट्री के फॉर्मूले लिखे इनवर्स ट्रिगो के फॉर्मूले सारी चीज़ें वहा पे मिल जाएँगी और बहुत ईज़िली वे में अपने मैथ्स को सोल्व कर सकते हैं|

और दोस्तों नेक्स्ट ऐप की बात करू जोकि बड़ा ही इम्पोर्टेन्ट है उसका नाम है **All Formulas** हम फॉर्मूले बहुत जल्दी भूल जाते है| तो एक एप्लीकेशन है जिसमे फिजिक्स, केमिस्ट्री, मैथ्स सबके फॉर्मूले वहां पर अवेलेबल है और आपके पास नेट नहीं है भी है तब भी आप उसे इस्तेमाल कर सकते हैं ऑफलाइन का भी उसमे फीचर है| तो ये भी एप्लीकेशन आप डाउनलोड कर सकते हैं जिसमे बहुत सारी चीज़ें बेनिफिट मिलेंगी और हर बार आप कही भी बैठे हैं वहां पे आप फॉर्मूले को लर्न कर सकते हैं|

और दोस्तों नेक्स्ट एप्लीकेशन वो बहुत से स्टूडेंट है जैसे लाइक इंग्लिश में प्रॉब्लम है, वर्ड मीनिंग की बहुत ज्यादा दिक्कत रहती है| बहुत सारे वर्ड्स मीनिंग लर्न करना चाहते हैं पर हर बार उनके पास नोटबुक अवेलेबल नहीं होता वो पेपर लेके नहीं घूमते| तो आप **ENGLISH- HINDI DICTIONARY** डाउनलोड कर सकते हैं| ये जो ऐप है इसमें बेनिफिट क्या है व्हाट ऑफ़ दा डे बहुत सारी चीज़ें आपको मिलती हैं जिसे आप

डे टू डे लर्न कर सकते हैं| जो भी चीज़ ढूंढना हो तो आप उसे ईज़िली सर्च कर सकते हैं| ऑफलाइन भी अवेलेबल है शायद तो उसे ऑफलाइन करके भी बाद में देख सकते हैं|

स्टूडेंटस ये काफी बेटर ऐप है तो इसलिए मैंने सोचा शायद इस ऐप के बारे में भी आपको बता देता हूँ| जिसका नाम है"**"FOREST APP"** जैसा कि आप देख रहे होंगे कि इसका बड़ा ही अच्छा सा लोगो है| और इसमें होता क्या है बेसिकली कि ये फ़ोन को दूर रखने के लिए होता है| भाई कैसे आप फ़ोन को अपने आप से दूर रखें| जैसे फॉर एग्साम्पल- अगर आप एक घंटे की पढाई करनी है तो उस दौरान टच न करे, फ़ोन को यूज़न करे| तो वहा पे एक आप्शन होगा जिसे आप ओके करते हैं| तो तीस मिनट के लिए सर्कुलेट होता रहता है अगर आप उस थर्टी मिनट के दौरान उसे फ़ोन को नहीं छूते हैं तो जो आपका ट्री जो है वो काफी बढ़ हो जाएगा| काफी फल फूल जायेगा जो आपका प्लांटेशन एरिया है जो गार्डन है वो एक बनता रहता है| तो ख़ुशी मिलती है कि चलो गार्डन बना लिया और दोस्त अगर आपके साथ शेयर कर रहे हैं कि मेरा गार्डन इतना बड़ा हो गया और बड़ा कैसे होगा कि जितना कम आप फ़ोन को टच करेंगे| तो ये वो सरे एप्लीकेशन थे जो एक स्टूडेंट के फ़ोन में होने चाहिए और जिस से स्टूडेंट अपनी पढाई को और भी अच्छे तरीके से पढाई कर सकते हैं और अपना फ्यूचर बेटर कर सकते हैं|

मोटिवेशन स्टोरी एंड कोट्स

स्टूडेंट्स हमेशा परेशान रहते हैं यह सोच के, कि मैं कौन सा रास्ता चुनूं, कौन मुझे बताएगा कि कोन सा रास्ता सही है या फिर मुझे कब कोई इशारा मिलेगा जब मुझे लगेगा कि बस अब यही करना है तो इससे रिलेटेड स्टोरी है जो हमें बहुत कुछ सिखा जायेगी।

यह स्टोरी है एक तोते की। एक तोता एक बिजनेस मैन के घर पे रहता था, उसकी उनसे काफी जमती थी और वह दोनों आपस में बातें भी किया करते थे, बिजनेस मैन हमेशा पूजा पाठ में लीन रहता था, वह हर दिन सत्संग जाया करता था, तो एक दिन तोते ने उससे कहा कि आज आपने गुरु जी से पूछना मैं अपना जीवन कैसे खुशहाली से जी सकता हूँ, तो उसने बोला ठीक है, तो वह जब गया और सत्संग खत्म हुआ तो उसने गुरु जी से पूछा कि आज सवाल मेरा नहीं मेरे तोते का है कि वो किस तरह अपना खुशहाल जीवन जी सकता है और मैं बता दूं कि मेरे घर में उसे सारी सुख सुविधाये मिलती हैं। अचानक ये बात सुन के गुरू जी बेहोश हो गए, सब लोग इकठ्ठा होकर उन्हें पानी पिलाने लगे और फिर गुरु जी होश में आये, सवाल के बारे में भूल चुके थे। बिजनेसमैन घर आ गया तो तोते ने

पूछा कि क्या जवाब दिया गुरू जी ने, तो उसने कहा कि तू बहुत मनहूस है तेरा सवाल सुन के तो गुरू जी बेहोश हो गये और जवाब नहीं दे पाए। रात हो गयी मालिक सो गया और जब वो सुबह उठ के तोते के लिए पानी ले कर आया तो उसने देखा कि तोता मारा पड़ा है। उसे बहुत अफ़सोस हुआ, जैसे ही वो पिंजरा खोलता है तोता उड़ जाता है और कहता है कि दोस्त यही तो इशारा था मेरा, गुरूजी ने मेरे सवाल का जवाब दे दिया था कि मेरी ज़िन्दगी इस पिंजरे में नहीं है और वो फुर्र से उड़ गया। ऐसी ही हमारी लाइफ है जब तक कुछ बड़ा नहीं होगा तब तक मैं कुछ कर नहीं पाऊँगा।

और एक कविता है कि:-

जो खुद ही तय करते हैं मंज़िल आसमानों की,
परिंदो को नहीं दी जाती तालीम उड़ने की
रखते हैं जो हौसला आसमान छूने का
उनको नहीं परवाह कभी गिर जाने की।

और किसी कवि ने बहुतअच्छा कहा है की,

एक भी आंसू न कर बेकार
जाने कब समुन्दर मांगने आ जाये

पास प्यासे के कुआं आता नहीं है
यह कहावत है, अमरवाणी नहीं है।
और देने को जिसके पास न कुछ भी हो,
दुनिया में एक प्राणी नहीं है
कर सवयं हर गीत का आभार
जाने देवता को कौन सा भा जाये,
चोट खा कर टूटते हैं सिर्फ दर्पण
किन्तु आकृति कभी टूटती नहीं है

आदमी से रूठ जाता है सभी कुछ
पर समस्याएं कभी नहीं रूठतीं
हर छलकते आंसू को करो प्यार
जाने आत्मा को कौन सा नहला दे।

व्यर्थ है करना खुशामद रास्तों की
काम अपने पाँव ही आते है सफर में।

कुछ करके दिखाओ, कुछ करके दिखाओ,
यह जीवन मिला है इसमें नए सपने सजाओ।

हम न आये हैं यहाँ अपनी मर्ज़ी से तो कैसे चले जायेंगे
खुद की खुदगर्ज़ी से।

बहुत कुछ है देने को इस समाज को
और बहुत कुछ है लेने को इस समाज से।

पैदा होने पर माँ बाप सोचा करते हैं,
हाँ! यही करेगा रोशन,
पीढ़ी दर पीढ़ी चलेगी यह कहानी
कि कर के दिखाओ तुम भी अपने खून को गरम।

कहते हैं सभी का दम है तो सामने आओ
अपने दिमाग से कुछ कर के दिखाओ।

आज जो मेहनत करेगा वो कल मीठा फल खायेगा
जो लड़खड़ा गया हर कदम पर वो फिर चल ना पायेगा।

हर पल में छिपी है ज्ञान की लम्बी दास्ताँ
हर दास्तान में डूबते जाओ और तय करते जाओ।

बहुत से विद्‌यार्थी हार जाते हैं चल के कुछ कदम,
टूट जाते है वो अक्सर कहते हम में नहीं दम।

कहते हैं की
हीरो को परखना हो तो इंतज़ार करो,
धूप में तो कांच के टुकड़े भी चमकते हैं।

और सीढियां उनके लिए बनी हैं,
जिन्हें सिर्फ छत पर जाना है,
आसमान पर हो जिनकी डगर
उनको रास्ता खुद बनाना है।

होश का पानी छिड़को, मदहोशी की आँखों पर
अपनों से न उलझो गैरों की बातों पर।

किताबें और अच्छे लोग जल्दी समझ में नहीं आते,

और दुनिया का डर नहीं जो तुझे उड़ने से रोक सके।
कैद है तू अपने ही नज़रों के पिंजरों में।

इस तरह से काम करिये कि आपके काम से कोई बदलाव जरूर आये,

और आप देखेंगे कि बदलाव आ कर ही रहेगा।

अगर ठोकर खा कर नहीं सम्भले

तो तुम्हारा नसीब क्योंकि पत्थरों ने तो अपना फ़र्ज़ निभा दिया।

टूटने लगे हौसले तो यह याद रखना,

बिना मेहनत के हासिल तख़्त औ"ताज़ नहीं होते।

और ढूंढ लेना अंधेरो मंज़िल मेरे दोस्त

जुगनू कभी रौशनी के मोहताज नहीं होते।

वक़्त भी सिखाता है और टीचर भी

पर दोनों में फर्क इतना है

कि टीचर सीखा के इम्तेहान लेता है

और वक़्त इम्तेहान ले कर सिखाता है।

सब कुछ हासिल नहीं होता इस ज़िन्दगी में,
किसी का काश और किसी का अगर रह जाता है।

ज़िन्दगी भर कोई साथ नहीं देता यह जान लीजिये,
अब लोग भी तब याद करते हैं जब वो खुद अकेले हैं।

मौन रहना एक साधना है और सोच समझ के बोलना एक कला।

समझ न आया ऐ ज़िन्दगी, तेरा यह फलसफा,
एक तरफ कहती है कि सब्र का फल मीठा होता है,
और दूसरी तरफ कहती है कि वक़्त किसी का इंतज़ार नहीं करता।

अब तक का बेस्ट मोटिवेशनल कोट्स

दोस्तों! आज आपसे वो सारे बेस्ट मोटिवेशनल कोट्स जो हर एक की लाइफ में, हर एक स्टूडेंट की लाइफ में, हर एक स्टार्टअप की लाइफ में एक जूनून सा भर देता है| वो कहते हैं कि जो अपने क़दमों की कामयाबी पे विश्वास रखते हैं वही अक्सर मंज़िल तक पहुंचते हैं| दोस्तों, ये सच है कि समझनी है ज़िंदगी तो पीछे देखिये और जीना है ज़िंदगी को तो आगे देखिये| ज़िंदगी में आप इतनी तेज़ी से आगे बड़ो, इतनी तेज़ी से दौड़ो कि लोगों के बुराई के धागे आपके पैरो में ही आकर टूट जाये| इंसान घर बदलता है, दोस्त बदलता है, रिश्ते बदलता है फिर भी परेशान क्यों रहता है ?

क्योंकि वो खुदको नहीं बदलता है| किसी के पैरो में गिर कर कामयाबी पाने के बदले अपने पैरों से चलकर कुछ बनने कि ठान लें| जीतने का मज़ा तभी आता है जब सब आपके हारने का इंतज़ार कर रहे हों| ये लाइफ का फैक्ट है कि हमारी लाइफ में बहुत सी चीज़े होती हैं कभी आप परेशान होते हैं कभी आप लोगों को परेशान होता हुआ देखते हैं| आपको लगता है, नहीं यार ये लोग अपनी लाइफ में कितना स्ट्रेस फील करते हैं, कभी आपको लगता है कि यार मैं कितना परेशान हूँ| ये दुनिया

कितनी परेशान है| और अचानक एक दिन ऐसा आता है जब आपको लगता है कि सब कुछ ठीक तो चल रहा है, मस्ती में तो है| वहां पर आप सिर्फ एक चीज़ सोचते हैं और वो ये कि अगर अपने आज कुछ सोचा कि आज मुझे ये काम करना है तो वो चीज़ हो जाती है आपके लिए| मान लीजिए कि कोई छोटा सा काम जैसे कि कोई बुक वापस करनी है आपको| आप एक शॉप पर गए और एक बुक लेकर आए| बाद में आपको लगता है कि नहीं ये बुक मेरे मतलब की नहीं थी और वो दुकानदार वापस करेगा या नहीं और आप पूरी रात सोचते हैं कि पता नहीं दुनिया कैसी हो गई है, बुक लेने के बाद सामने वाला वापस भी नहीं करता| आप बहुत अजीब सा फील कर रहे होते हैं उस टाइम और जब वापस जाते हैं और उसको बुक दे देते हैं और वो बड़े ही सहजता से हँसते हुए कहता है, कोई बात नहीं सर, आप दूसरी कोई भी बुक ले ली जिए| इट्स योर विश| तब आपको लगता है सब ठीक तो चल रहा है गलत ही क्या है दुनिया में बहुत से अच्छे लोग होते हैं|

लेकिन वही पर अगर सामने वाला आपकी वो बुक वापस नहीं करता है तो आपको लगता है कि ये दुनिया ठीक नहीं है| लोग बदल गए हैं, अब लोगो में लोभ आ गया है, लालच आ गया है| वो कहते हैं न कि प्रॉब्लम हम ही में है| अगर आप आज रात को ये ठान लें कि कल जो मेरी दिन की शुरुवात होगी वो एक ऐसी होगी जिसे लोग इमेजिन नहीं कर पाएंगे| कई बार आपको ऐसा लगता होगा कि आज को जैसे तैसे चल कर देता

हूँ| कल की शुरुवात बहुत अच्छी होगी| कई बार मेरे साथ ऐसा होता है|

मैं आपसे अपनी बात शेयर करना चाहूंगा कि आपको लगता होगा ये जितने भी मोटिवेशनल स्पीकर्स यू टयूब पे आकर बक बक करते हैं, चाहे वो मैं हूँ या चाहे कोई भी हो| ये बहुत अपनी लाइफ में बहुत चलाऊ ज़िंदगी जी रहे होंगे तो आप ऐसा गलत सोचते हैं|

कैमरा कट होने के बाद वो बार-बार ये परेशान होते हैं कि अबे यार! मेरे वीडियो में तो व्यूज़ नहीं आते तो फोल्लोवर्स ही नहीं है, पता नहीं मुझे कौन देख रहा है| अरे किसके लिए वीडियो बनाऊं! ऐसा क्या लिख दूं कि वायरल हो जाये ये वीडियो| हर एक के दिमाग में ये रहता है| लेकिन ये बात सही है कि उस वीडियो में कुछ वैल्यू एडिशन वो कर के जाते हैं जिसे आप सुनते हैं और आपको बड़ा रिलीफ फील होता है| हर एक की फिलॉसफी है|

अगर कोई न्यूज़ ऐंकर खुद में ये सोचे के वो कॉफिडेंट नहीं है तब तो ना जाने मीडिया का क्या हाल होगा| उदहारण के तौर पर ले लीजिये कि जब कभी भी देश में कोई दुर्घटना हो जाती है, कोई सी भी दुर्घटना हो चाहे वो कोई पुल का गिर जाना हो, कोई डिज़ास्टर आ जाना हो या कुछ भी जिस में लोग मारे जाते हैं|

वहां पर एक ऐंकर अगर सो भी रहा होता है तो फटा फट न्यूज़ देने आता है| आपको लगता होगा कि यह उसकी रिस्पांसिबिलिटी है कि वो न्यूज़ चैनल में आये और हमें ये बताये कि देश में ये घटना हो रही है| लेकिन असल में आज कल सब कुछ बदल गया है| वो कहते हैं न कि एक ऐंकर अपने आप में अखबार सा बन गया है| अब वो अपने आप में एक खबर है| वो कोट पेंट पहन के आता है| अपने चेहरे पे क्रीम लगाता है तब जाके कहता है फिर चाहे घटनाएं क्यों न घट जाए| वो कैमरा पे ऑन होने से पहले, ऑन एयर आने से पहले खुद को अपडेट करेगा और तब जाके कहेगा मुझे बहुत खेद है कि हमारे देश में ऐसा ऐसा फला फला ये चीज़ हो रही है| शायद इस बात से आप अंदाज़ा लगा सकते हैं कि बहुत से लोग सिर्फ दिखावा करते हैं लेकिन अगर आप इसे समझने की कोशिश करें तो वह कहावत है जो मेरी मैंने हर बार कहा है "अगर आप झूठ बोलते हैं, बार बार उसी चीज़ को करते हैं तो एक दिन वैसा ही बन जाते है"| तो इसीलिए अगर अच्छे नहीं हो तो बनने का नाटक करो| एक दिन आएगा जब आप सच में अच्छे बन जाओगे| कई बार आप रास्ते जाते देखते हैं कि अचानक एक बूढ़ा सा आदमी बड़ा फ़्रस्टेटेड है| आपको लगता है कि इंसान खुश रहता है सिर्फ बचपन में, मतलब बूढ़ा होते होते उसे बहुत सारी फ़्रस्ट्रेशन आ जाती है| आपके घर में कई ऐसे होंगे दादा जी टाइप जो बड़े गुस्से में फील करते होंगे, तो लोग हँसते हैं कि अरे बूढ़ा है सठिया गया होगा| तो आपको लगता है कि बूढ़े लोग सठिया जाते हैं| और जब आप कहीं एक पार्क में जाते हो और एक बूढ़ा

सा आदमी मिलता है कि हेलो जेन्टलमैन कैसे हैं आप| अरे यार! आप तो अभी यंग ज़िंदगी जी रहे हैं, उमंग है| हम लोग तो इस दौर से निकल चुके हैं अब| लेकिन हम भी वही ज़िंदगी जीते हैं जो आप लोग जीते है| हमारा भी शरीर बूढ़ा हुआ है लेकिन मैं नहीं |

तो आपको लगता है कि अंकल जी आप तो सही खेल रहे हैं| सही है हहहह हाहाः।

हमारा नज़रिया ही हमारी ज़िन्दगी का निर्माता है और इसीलिए ज़िंदगी सिर्फ डिपेंड करती है आपके देखने के नज़रिए के ऊपर| अगर आप कुछ बदलना चाहते हो तो खुद को बदलो, बदलाव तुमको खुद दिखेगा| तो ये बातें बिलकुल सही हैं कि जैसा आप जिस नज़रों से दुनिया को देखोगे दुनिया वैसी ही आपको दिखेगी| आपके आस पास बस में बैठते हुए, ट्रैन में बैठते हुए लोग| वो आपको वैसे ही दिखेंगे जैसा आप देख रहे हैं| ये ज़िंदगी है कई बार आप फिलॉस्फी की बुक पढ़ते हैं| ये किताब भी आप मोटिवेशनल पढ़ रहे हैं| लेकिन कब ये ज़िंदगी, ये दौर, ये कब तक भागेगी आपके साथ| आप एक स्टूडेंट हैं मान लीजिये, इस लाइफ को कब तक आप अपने आप को ये फ़ील दिलाएंगे कि आप अभी परिपक्व नहीं हैं| मैचोरिटी अगर सिर्फ उम्र के आधार पे आती तो मैं सच कहता हूँ कि रणवीर सिंह अभी तक बूढ़ा हो चुका होता| मुझे नहीं पता उसकी ऐज कितनी है लेकिन आई ऍम डैम श्योर पैंतीस साल से ऊपर का बन्दा होगा| आप में से बहुत से लोग अपने कई अंकल चाचा को देखा होगा| जिनकी

शादी हो जाती है बीस बाइस, तेईस साल में और वो पच्चीस साल में सिर्फ नौकरी-घर-नौकरी-घर में अपनी ज़िंदगी काट रहे होते हैं क्योंकि उन्होंने लाइफ का एक कॅरिअर ही डिसाइड कर लिया है कि नौकरी और घर| क्योंकि उन्हें लगता है वो सब कुछ कर चुके हैं भाई और वहीँ रणवीर सिंह उछल कूद कर रहा है वो दिखा रहा है कि उसमें अभी भी हौसला है| तो उम्र के आधार पे आप अपनी मैच्योरिटी तय नहीं कर सकते| मैच्योरिटी का ताल्लुक उम्र से नहीं होता है बल्कि इसका मतलब यह है कि आप किसी बात को कितने अच्छे तरीके से समझ सकते हैं और उस पर कितने बेस्ट ओपेनियम दे सकते हैं| अगर कोई सवाल आपसे पूछता है या आपके ग्रुप से पूछता है तो वहां पे क्या आप एक सही ओपेनियम देते हैं वो उम्र के आधार पे जज नहीं करता| दुनिया में बहुत से ऐसे स्टूडेंट आज कि डेट में रहे हैं जिन्होंने मोबाइल एप्लीकेशन बना के दुनिया को दंग कर किया है|

“मार्क ज़ुकेरबर्ग” बहुत ही कम उम्र में उन्होंने बहुत कुछ किया| लेकिन वहीँ पे अगर “वारेन बुफेट” ये सोचते कि मैं बहुत बूढ़ा हो चूका हूँ तो वो फिफ्टीसेवेन इयर्स के उम्र में बिल्लिओनेर्स नहीं बनते| तो इस दुनिया में आप किस आधार पे अपने आपको जीते हैं इसी पर सब निर्भर करता है| दुनिया बहुत बदल चुकि है अब आपको लोग सुन ना पसंद करते है लोग जानते हैं कि पोटेंशियल हर एक में है बट क्या आप उस बात को वहां पे कह पाएंगे या नहीं|

“अमरेश भारती महात्मा जी टेक्निकल” आज वो यहाँ बैठ के अगर बहुत ज्ञान बांटता है तो इसका मतलब यह नहीं कि वो दिन भर सत्संग कर रहा होगा| दे हेव अ लॉट्स ऑफ़ प्रॉब्लम इन लाइफ| वो अपने घर में बहुत परेशान फील रहता होगा शायद| लेकिन हां जब वो आपके सामने आता है उसके चेहरे पे उसके एक्सप्रेशन से दिखता है कि वो एक खुश इंसान है| एट द एन्ड ऑफ़ दा फ्यूचर इसी की तरफ मुँह हो रहा है आज के टाइम पे इतने सारे चैलेंजेस है आप खुश नहीं रह सक़ते हैं| उसका एक ही तरीका है कि ख़ुश होने कि आदत डालिये| एटलीस्ट आप झूठा ही सही दिखावा तो करिये| आज कल हम हर चीज़ में दिखावा करते है| कहां नहीं करते हैं, जब आप कपडे पहनते हैं, आप मेक ओवर करते है| आप बार बार नाई के यहाँ जाके शेविंग क्यों करवाते हैं ?आप अपनी बियर्ड को एक अच्छा सा लुक क्यों देते है?

क्योंकि एक्चुअल आप जैसे हैं आप वैसा नहीं दिखाना चाहते हैं| और ज़माने को भी यही पसंद है| इसलिए अपनी बातों को सजा के कहिये| मेरा मोटो सिर्फ ये नहीं था कि आप अपनी अच्छी बियर्ड क्यों बनाते हैं, अच्छे कपडे क्यों पहनते हैं| जब वहां पे आप वो चीज़ कर सकते हैं तब आप अपने बातों को सजा के क्यों नहीं कह सकते हैं| लोग सुन ना चाहते हैं, लोग आपका जवाब सिर्फ हाँ और ना में नहीं जानना चाहते| आप किसी को भी जज नहीं कर सकते हैं एक चीज़ में ये गलत है और ये फला सही है| हर एक चीज़ जजमेंटल है अपने देखा होगा कि

बहुत से दुश्मन होंगे आपके| दुश्मन इन दा सेंस जिन लोगो से आपकी नहीं बनती होगी| लेकिन उस बन्दे की किसी न किसी से बनती होगी| अगर आपसे नहीं बनती तो किसी से भी नहीं बननी चाहिए| ऐसा क्यों होता है कि उसकी किसी और से बनती है| ऐसा क्यों होता है कि दुश्मन दुश्मन भाई होते है| क्योंकि कहीं न कहीं किसी न किसी आधार पर लोग सही होते हैं| आपने बहुत सी किताबे पढ़ी होंगी बहुत से लोगों को देखा होगा| वो एक कहावत है कि दुनिया में किस को पत्थर मारू सबमें तो मुझे मेरा ही चेहरा नज़र आता है| हर एक की लाइफ में बहुत सी मिस्टेकस है| अगर आप अपनी लाइफ को एक अच्छा इंसान बनकर सोचेंगे तो सारी दुनिया आपको अच्छी दिखेगी| अगर वहीँ आप अपने आपको गिलटी फील करेंगे| मैं ये नहीं कर सकता मैं वो नहीं कर सकता, फलाना ढिमका, अरे यार खुद सोचो| वन मैन एंड वन लेडी, दे गेटिंग मैरिड एंड आफ्टर दैट वो बन्दा वो भी तो जॉब जा रहा है| क्योंकि वो उस चीज़ को रियलाइज़ कर रहा है| किसी चीज़ का ज़्यादा होना आपकी लाइफ में गलत होना बट किसी का एक नार्मल युसेस नार्मल तरीके से क्योकि सारी चीज़ें ह्यूमन बेहेवियर है आपकी लाइफ में| अगर आप सुबह उठ के ब्रश नहीं करेंगे तो आपके दांत में कीड़े लगने हैं| लेकिन वहीँ आप दिन भर ब्रश करते रहेंगे तो शायद दांत टूट जाये आपके बहुत जल्दी| हर चीज़ का अपनी लाइफ में एक इम्पोर्टेंस है|

आज स्टूडेंट ये मोटिवेशनल बुक पढ़ रहे हैं तो इसका मतलब ये नहीं कि वो बहुत ज्यादा मोटीवेट होके संत बन जाएं| उसकी लाइफ में वो वर्क है कि यस मुझे पढ़ना है| वो कहते हैं न कि दोस्त अगर सिर्फ किताब रखने से कोई विद्वान् बन जाता तो इस दुनिया का सबसे बड़ा विद्वान् वो लाईब्रेरियन होता और ये बात कॉमन भी है समझ सकते हैं| जाहिर सी बात है किसी चीज़ का होना हमारे पास, नॉट अपॉर्चनिटी नॉट अ बिग थिंग| क्या हमने उसे इस्तेमाल किया| आज इंटरनेट हर इंसान के फ़ोन में है| आज से दस साल पहले मैं एक टीवी के एडवेर्टीस्मेंट में एक किसी बन्दे को फ़ोन सामने रख के एक मीटिंग करते हुए देखा करता था| तो मुझे लगता था कि क्या मैं भी कभी ऐसी ऑपरचुनिटी हासिल कर पाउँगा| लेकिन राइट नाओ आई हैव लॉट्स ऑफ़ थिंग्स| मेरे पास मोबाइल है, टेबलेट है, लैपटॉप है, कार, गाड़ी सब कुछ है| आज मैं जहा चाहूं वहा जा सकता हूँ| आज मैं सुबह फ्लाइट पकड़ के कही भी जा सकता हूँ| क्योंकि मेरे घर वाले मुझ से पूछते नहीं है कि तुम क्या कर रहे हो इस चीज़ को| लेकिन यस क्योंकि वो चीज़ मैंने हासिल की है नार्मल डेडिकेटेड वर्क करते करते| क्या आपमें वो कैपेबिलिटी है| क्या आप वो सारी चीज़ें कर सकते हो ?

यस यू हैव लेकिन आप उसे एक्सप्रेस नहीं कर रहे| कई बार आप खुद सोचो मैं आपसे एक सवाल पूछता हूँ जनरल परसेप्शन कि आज एक भीड में पचास लोग बैठे हैं मैंने उस भीड़ से एक सवाल पूछता हूँ जब भी मैं किसी सेमीनार में होता हूँ कि आप

में से कितने ऐसे लोग थे जिन्होंने ऐसा सोचा कि मुझे ऐसा करना है| कुछ ऐसा बिज़नेस स्टार्ट करना है| फुल प्लान था आपके पास लेकिन आपको ऐटं दा एन्ड टाइम में लगा कि नहीं यार मैं ये चीज़ नहीं कर सकता और दैट टाइम यू शट डाउन, तुमने उसे बंद कर दिया तो कई बार उस भीड़ में पचास हो या सौ या पांच सौ की भीड़ हैं तो उस में से|

सौ लोग हाथ खड़े करते हैं कि हां मैंने सोचा था मेरा प्लांन भी बहुत बढ़िया था लेकिन एन्ड टाइम में मुझे लगा कि फलाना हो गया ढिमका हो गया| इस से ये चीज़ में फेल हो गया| मैंने कहा तुम सौ के सौ लोग अपने हाथखड़े रखो और सौ लोग अपने चेहरे को देखो घूर के कि अगर तुम सौ लोग ये बिज़नेस या कोई भी स्टार्टअप कोई भी बिज़नेस स्टार्ट करते तो क्या प्रोबेबिलिटी इतनी गन्दी है कि सौ के सौ बिज़नेस फेल हो जाते|

अरे! तुम में से तो दस के बिज़नेस तो चलते| और क्या पता दस में से तुम होते| तब उन लोगों को ये रियलाइज़ होता है कि हां यार सौ लोग तो फेल नहीं होते| क्या पता मैं स्टार्ट करता मैं आसमानो को छू लेता| क्यों मैं लोगों को मोटीवेट करता हूँ कि आगे बढ़ो ज़िंदगी में, घर से बाहर निकलो| आज घर वाले तुम्हे दस रुपये के लिए डांटते होंगे| लेकिन एक दिन आएगा कि तुम लाखों करोड़ो रुपये खर्च कर दोगे तो वह उफ़ आह भी नहीं करेंगे| क्योंकि वो जानते हैं कि ये पैसे तुमने अपनी मेहनत से कमाए हैं और तुम इसे उड़ा सकते हो जो मर्ज़ी कर सकते

हो और ये तुम जानते हो कि उन पैसों का इस्तेमाल तुम कैसे कर सकते हो।

मोटिवेशन कोट्स

Motivational quotes की जो चाहा कभी पाया नहीं जो पाया कभी सोचा नहीं| पर जो कभी सोचा वो मिला नहीं| जो मिला रास आया नहीं| जो खोया वो याद आता है, जो पाया संभाला जाता नहीं|

क्यों अजीब सी पहेली है ज़िंदगी? जिसको कोई सुलझा पाता नहीं| जीवन में कभी समझौता करना पड़े दोस्तों तो कोई बड़ी बात नहीं| क्योंकि झुकता वही है जिसमें जान होती है अकड़ तो मुर्दे की पहचान होती है| ज़िंदगी जीने के दो तरीके होते हैं| पहला, जो पसंद है उसे हासिल करना सीख लो और दूसरा जो हासिल है उसे पसंद करना सीख लो| ज़िंदगी जीना आसान नहीं होता| बिना संघर्ष कोई महान नहीं होता| ज़िंदगी बहुत कुछ सिखाती है कभी हंसाती है तो कभी रुलाती है, लेकिन जो हर हाल में खुश रहते है ज़िंदगी उनके आगे सर झुकाती है| चेहरे की हर ख़ुशी हर गम चुराओ बहुत कुछ बोलो पर कुछ न छिपाओ| खुद न रूठो कभी लेकिन दूसरों को मनाओ| राज़ यही ज़िंदगी का है बस जीते चले जाओ| गुज़री हुई ज़िंदगी को कभी याद मत करना, तक़दीर में जो लिखा है फ़रियाद न करना, जो होना होगा होकर रहेगा, तू कल की फ़िक्र में आज की अपनी

हंसी को बर्बाद न कर क्योंकि हंस मरते वक़्त भी गाता है और मोर नाचते हुए भी रोता है| ये ज़िंदगी का फंडा है बॉस दुखों वाली रात नींद नहीं आती और ख़ुशी की रात कौन सोता है|

ईश्वर का दिया कभी अल्प नहीं होता है| जो टूट जाए कभी संकल्प नहीं होता| हार को लक्ष्य से दूर रखना क्योंकि जीत का कोई विकल्प नहीं होता|

ज़िंदगी में दो चीज़ें हमेशा टूटने के लिए होती हैं, सांस और साथ 'सांस टूट जाए तो इंसान एक ही बार मरता है लेकिन किसी का साथ छूट जाए तो इंसान पल पल मरता है| जीवन का सबसे बड़ा अपराध; आपकी वजह से किसी की आँखों में आंसू होना| और जीवन की सबसे बड़ी उपलब्धि; किसी की आँखों में आपके लिए आंसू होना| ज़िंदगी जीना आसान नहीं होता, बिना संघर्ष कोई महान नहीं होता| जब तक ना पड़े पत्थरों पर चोट पत्थर भी भगवान नहीं होता| ज़रूरतों के मुताबिक ज़िंदगी जियो ख्वाहिशों के मुताबिक नहीं क्योंकि ज़रूरतें तो फकीरों की भी पूरी हो जाती हैं और ख़्वाहिशें बादशाहों की भी अधूरी रह जाती हैं| मनुष्य सुबह से शाम काम करके उतना ही थकता है, जितना क्रोध और चिंता एक क्षण में थक जाता है| दुनिया में कोई भी चीज़ अपने आपके लिए नहीं बनी है दोस्तों दरिया खुद अपना पानी नहीं पीता| पेड़ खुद अपना फल नहीं खाता| फूल अपनी खुशबू अपने लिए नहीं बिखेरता| मालूम है क्यों क्योंकि दूसरों के लिए ज़िंदगी जीना ही ज़िंदगी है| मांगो तो अपने रब से मांगो, जो दे तो रहम और न दे तो किस्मत| लेकिन दुनिया से

हरगिज़ मत मांगना, क्योंकि दे तो एहसान और न दे तो शर्मिंदगी कभी भी कामयाबी को दिमाग और नाकामी को दिल में जगह मत देना क्योंकि कामयाबी दिमाग में घमंड और नाकामी दिल में मायूसी पैदा कर देती है|

कौन देता है उम्र भर साथ, लोग जनाज़े में भी कंधा बदल-बदल कर चलते हैं| कोई व्यक्ति कितना भी महान क्यों न हो आँखें मूँद कर उसके पीछे न चलिए क्योंकि यदि ईश्वर की ऐसी ही मंशा होती तो हर प्राणी को वो आँख नहीं देता।

कोट्स फॉर बुक

१. जो अपने कदमों की काबिलियत पर विश्वास रखते हैं

वो ही अक्सर

मंजिल पर पहुंचते हैं

२ समझनी है ज़िंदगी

तो पीछे देखो, जीना है ज़िंदगी

तो आगे देखो

३ अपने मन को नियंत्रित करो, ,

इस से पहले कि मन आपको नियंत्रित करे

४ इंसान घर बदलता है,

रिश्ते बदलता है,

दोस्त बदलता है, फिर भी

परेशान क्यों रहता है ?

क्योंकि वो खुद को नहीं बदलता

५ विश्वास वह शक्ति है जिससे उजड़ी हुई दुनिया में प्रकाश लाया जा सकता है

६ आपका समय सीमित है,

इसलिए इसे किसी और की ज़िंदगी जी कर व्यर्थ मत करो

७ अगर ज़िंदगी में सुकून चाहते हो तो लोगों की बातों को दिल से लगाना छोड़ दो

८ ज़िंदगी में इतनी तेज़ी से आगे दौड़ो कि लोगों के बुराई के धागे आपके पैरो में आकर टूट जाएं

९ अगर आप सही हो तो कुछ भी साबित करने कि कोशिश मत करो बस सही बने रहो गवाही वक्त खुद दे देगा

१० कॉन्फिडेंस यह नहीं है कि लोग आपको पसंद करेंगे ही,

कॉन्फिडेंस यह है कि जब वो पसंद ना भी करें,

तब भी आप ठीक हो|

११ ज़िंदगी में टेंशन ही टेंशन है,

फिर भी इन लबों पर मुस्कान है,

क्योंकि जीना जब हर हाल में है,

तो मुस्कुरा के जीने में क्या नुक्सान है|

१२ जब तुम पैदा हुए थे तो तुम रोये थे जबकि पूरी दुनिया ने खुशीयां मनाई थीं| अपना जीवन ऐसे जियो कि तुम्हारी मौत पर पूरी दुनिया रोये और तुम खुशिया मनाओ|

१३ जो आसानी से मिल जाता है वह हमेशा तक नहीं रहता,

जो हमेशा तक रहता है वह आसानी से नहीं मिलता

१४ किसी वृक्ष को काटने के लिए आप मुझे छः घंटे दीजिये और मैं पहले चार घंटे कुल्हाड़ी की धार तेज करने में लगाऊंगा|

१५ "जब तक किसी काम को किया नहीं जाता, तब तक वह असंभव लगता है"|

१६ मैदान में हारा हुआ इंसान फिर से जीत सकता है लेकिन मन से हरा हुआ इंसान कभी नहीं जीत सकता|

अ मेसेज फ्रॉम पेरेंट्स

बेटा, मैं जनता हूँ कि तुम हमें भूले नहीं हो! लेकिन डर इस बात का है कि तुम्हारे फ़ोन आना कहीं बंद ना हो जाए| ये बात मैं इसलिए कह रहा हूँ क्योंकि पहले तुम्हारे हफ़्ते में २ फ़ोन आते थे|

एक वीक डेज में और एक वीकेंड पर जो कि अब सिर्फ और सिर्फ वीकेंड में ही आते हैं| इस से इस बात का प्रमाण है कि तुम्हारी लाइफ में अभी कोई सुन्दर सी लड़की नहीं आई है|

बेटा मुझे डर इस बात का है कि जिस दिन वो तुम्हारे जीवन में आएगी कहीं तुम्हारे फ़ोन आना बंद न हो जाये| बेटा मैं जनता हूँ कि तुम हमें भूले नहीं हो लेकिन डर इस बात का है कि कहीं तुम्हारे फ़ोन आना कहीं बंद न हो| बेटा मैं तुम्हें एक बात बतला दूं; जब तुम बहुत छोटे थे तब तुम्हें बहुत तेज़ बुखार आया था| तुम्हारी माँ ने मुझे चीखते हुए फ़ोन किया था कि मैंने कहा था आज तुम्हें कि आज ऑफिस मत जाओ| मुन्ने को एक सौ चार बुखार है लेकिन नहीं तुम्हें तो फिर भी ऑफिस जाना था| मैं जैसे तैसे भागते हुए घर की तरफ आया तुम्हारी माँ तुम्हे गोद में लेकर गेट पे ही मुझे मिल गई| हमने जैसे तैसे तुम्हे अपने गाड़ी में बैठाया| उस गाड़ी की बात बता दूं कि

वो कोई लक्सरी कार तो नहीं थी| ये वो कार थी जो मेरे कॉलेज के दौर में मेरे पिता जी ने मुझे लेके दी थी| हम तुम्हें लेके आगे बढ़े रास्ते में मुझे एक हॉस्पिटल दिखा| मेरा पांव ब्रेक पर जाने ही वाला था कि तुम्हारी मां ने मुझे घूर कर देखा| बाद में पता चला कि वो एक गवर्नमेंट हॉस्पिटल था| अचानक हमारे सामने एक रेड लाइट आ गई और तुम्हारी माँ ने कहा कि तोड़ दो लेकिन मैं तोड़ नहीं पाया क्योंकि सामने एक सज्जन की कार थी और शायद वो यातायात नियम के बहुत पक्के थे|

तकरीबन तीस सेकंडस की रेड लाइट में तुम्हारी माँ की वो परेशानी, वो तड़प!

बेटा, शायद वो तड़प तुम महसूस नहीं कर सकते| क्योंकि उस समय तुम सिर्फ और सिर्फ चार साल के थे| जैसे तैसे हम तुम्हें लेकर हॉस्पिटल पहुंचे और ट्रीटमेंट रूम में जब तुम्हे इंजेक्शन दिए जा रहे थे तो मैं सच कहता हूँ जितनी तुम्हारी चीख नहीं निकली थी उतनी तो तुम्हारी माँ ने बाहर बैठ कर आंसू निकाल दिए थे| बेटा शायद तुम ये बात समझ नहीं पाओगे क्योंकि तुम सिर्फ और सिर्फ चार साल के थे|

बेटा, मैं तुम्हे एक वाक्या और बता दूं| बारिश में मैं तुम्हें भीगते हुए स्कूल से लेकर आता था तो मेरा छाता तुम्हारी तरफ और मैं बारिश में भीगते हुए आता था|

और तुम्हारी माँ बालकनी से तुम्हें दूर से देख रही होती थी| और जब हम नज़दीक पहुंचते थे तो तुम्हारी माँ मुझे चीखते हुए कहती थी| अरे! छाता मुन्ने की तरफ रखो वो भीग रहा है|

बेटा! मैं जनता हूँ कि तुम हमको भूले नहीं हो लेकिन डर इस बात का है कि कहीं तुम्हारे फ़ोन आना बंद न हो जाये| उसके बाद की कहानी मैं तुम्हे इसलिए नहीं बता रहा हूँ कि जब तुम बड़े हुए तो तुमने हमेशा कहा कि मुझे कुछ मत बताओ मैं सब जनता हूँ, मुझे पता है मैं जनता हूँ कि आप लोगों ने हमारे लिए क्या-क्या किया| बेटा मैं जनता हूँ कि तुम हमको भूले नहीं हो लेकिन डर इस बात का है कि कहीं तुम्हारे फ़ोन आना बंद न हो जाये|

लेखक की कलम से

मुझे बेहद ख़ुशी है कि मेरी लिखी हुई यह किताब आज आपके हाथ में है और आपने पढ़ने के लिए इसे चुना है। मैं उम्मीद करता हूँ कि जिस भी मकसद से आप इस किताब को पढ़ने वाले हैं मैं उस मकसद को पूरा कर पाऊंगा|

“टॉपर बनने का आसान तरीका” - मेरी ज़िन्दगी और मेरी टीचिंग लाइफ के दस सालो की मेहनत, एक्सपीरियंस और डेडिकेशन से प्रभावित है। मैंने उस उम्र से पढ़ाना शुरू किया था जब मेरी खुद की उम्र पढ़ने की थी, मुझे लगता है कि अगर आप मुझे जानते हैं तो आपको यह जान के हैरानी नहीं होगी के मैं एक कॉलेज ड्राप आउट हूँ। जब आप इस किताब को पढ़ रहे होंगे तब तक मैं 200 से भी ज़्यादा बच्चो को ट्रैन और पर्सनल काउंसलिंग दे चूका होऊंगा। मैंने इस किताब में अपने दस साल के एक्सपीरियंस की हर कहानी, हर उतार चढाव को मद्दे नज़र रखते हुए लिखा है। इस किताब में स्टूडेंट्स के लिए हर वो चीज़ होगी जो उन्हें पढ़ने से रोकती है, उन्हें पढ़ने में मदद करेगी और ज़िन्दगी की हर परेशानियों से बाहर आने की क्षमता दिलाएगी।

मैंने इस किताब को लिखने में सिर्फ अपना समय ही नहीं अपना दिल भी लगाया है, मेरी पहली किताब है, किताब लिखना तो मुझे नहीं आता बस मुझे लगा कि जिस तरीके से मैं अपने स्टूडेंट्स की हेल्प करता हूँ, मोटीवेट करता हूँ बस उसी तरीके से यह सोचा कि आप सब लोग मेरे सामने बैठे हैं और किस तरह से मुझे आपको ज़िन्दगी के सबसे अच्छे लेसंन देने हैं।

अपने पूरे दिल से मैं इसे अपनी दादी को डेडिकेट कर रहा हूँ जिन्होंने बचपन से मुझे सपोर्ट किया और जिन्होंने हमेशा से मुझे स्टार समझा। जो भी स्टूडेंट्स इस किताब को पढ़ने के बाद बोर्ड के एक्साम्स देने वाले हैं उनको मैं बेस्ट ऑफ़ लक कहना चाहूंगा।

बहुत सा प्यार और आदर